AF282869

ORRAS COMPLETAS

DE

CAYO SALUSTIO CRISPO.

© 2025

•

Colección facsímiles

Dirección literaria: Lluís Claret

Primera edición: 2025
© *De la presente edición:* CALAMBUR EDITORIAL S.L.
c/ Pobla de Lillet, 4. Local 1. 08028 Barcelona
Tel.: (+34) 931 708 326

calambur@calambureditorial.com • www.calambureditorial.com
calambureditorial.blogspot.com • facebook.com/CalamburEditorial
@EdCalambur

Imagen de cubierta: The Triumph of Marius.
Giovanni Battista Tiepolo, 1720. Óleo sobre lienzo.

ISBN: 978-84-8359-606-7
DEPÓSITO LEGAL: B 1992-2025

BIBLIOTECA CLÁSICA
TOMO XV

CAYO SALUSTIO CRISPO

LA CONJURACION DE CATILINA

Y

LA GUERRA DE JUGURTA

TRADUCIDAS

POR EL SR. INFANTE D. GABRIEL

FRAGMENTOS DE LA GRANDE HISTORIA

TRADUCIDOS POR

D. MARCELINO MENÉNDEZ PELAYO

MADRID
IMPRENTA CENTRAL Á CARGO DE V. SAIZ
CALLE DE LA COLEGIATA, NÚM. 6
1879

PRÓLOGO.

Mi intento en esta traduccion es, que puedan los Españoles, sin el socorro de la lengua latina, leer y entender sin tropiezo las obras de Cayo Salustio Crispo. Su hermosura, su gracia y perfeccion han dado en todos tiempos que admirar á los sabios, los cuales á una voz le han declarado por el príncipe de los Historiadores romanos. Ninguno de ellos es tan grave y sublime en las sentencias; tan noble, tan numeroso, tan breve, y al mismo tiempo tan claro en la expresion. En él tienen las palabras todo el vigor y fuerza que se les puede dar; y en su boca parece que significan más que en la de otros escritores: tan justa es la colocacion, y tan propio el uso que hace de ellas. Aun por esto son casi inimitables sus primores; y no es ménos difícil conservarlos en una traduccion. Pero si en algun idioma puede hacerse, es en el español. A la verdad, nuestra lengua, por su gravedad y nervio, es capaz de explicar con decoro y energía los más grandes pensamientos. Es rica, armoniosa y dulce; se acomoda sin violencia al giro de frases y palabras de la latina; admite su brevedad y concision, y se acerca más á ella que otra alguna de las vulgares. Bien conocieron esto los sabios extranjeros que juzgaron desapasionadamente; y áun hubo entre ellos quien la vindicó de cierta hinchazon y fasto que algunos le han querido injustamente atribuir. Por otra parte, los genios españoles aman de suyo lo sublime, y no se contentan con la medianía: y así, nuestros escritores de mayor crédito se propusieron imitar á Salustio, con preferencia á César, Nepote, Livio, y demas Historiadores latinos; como se echa de ver en Don Diego de Mendoza, Juan de Mariana, Don Cárlos Coloma, Don Antonio Solís y otros. Pedro Chacon y Jerónimo Zurita le ilustraron con eruditas notas. Y cuando todavía los Griegos no habian renovado en el Occidente el buen gusto de la literatura, ya

entre nosotros Vasco de Guzman, á ruego
del célebre Fernan Perez de Guzman, Señor
de Batres, habia hecho la traduccion española de este autor, que se halla manuscrita
en la Real Biblioteca del Escurial: obra verdaderamente grande para aquellos tiempos,
y de que no tuvo noticia Don Nicolás Antonio. De ella desciende la que en el año 1529
publicó el Maestro Francisco Vidal y Noya;
el cual, especialmente en el *Jugurta*, apénas
hizo otra cosa que copiar á este autor, aunque no le nombra. Otra hizo Manuel Sueiro,
que se imprimió en Amberes en el año 1615.
Y es bien de notar la estimacion con que se
recibieron en España estas traducciones;
pues la del Maestro Vidal y Noya, ó bien se
llame de Vasco de Guzman, se imprimió tres
veces en poco más de treinta años. La desgracia es que ninguna de ellas se hiciese en
el tiempo en que floreció más nuestra literatura, y en que por la misma razon se cultivó
tambien la lengua con mayor cuidado. Real-
mente todas desmerecen cotejadas con el ori-
ginal, y distan mucho de aquel decir nervioso
y preciso que caracteriza al autor. Esto me
ha movido á emprender de nuevo el mismo
trabajo, y á experimentar si podria hacerse

una traduccion más digna de la lengua española, y que se acercase más á la grandeza del escritor romano. Para ello, en cuanto al estilo y frase, me he propuesto seguir las huellas de nuestros escritores del siglo xvi, reconocidos generalmente por maestros de la lengua, y evitar con la atencion posible las expresiones y vocablos de otros idiomas, que muchos usan sin necesidad; no debiendo esto hacerse sino cuando en español no se halla su equivalente, ó no puede explicarse con propiedad y energía lo que se intenta declarar. Tal vez porque huyo este escollo, habrá quien diga que doy en el opuesto, y que en mi traduccion uso afectadamente de alguna voz española ya anticuada. Si se creyese afectacion, la misma notaron muchos en Salustio respecto de las voces latinas. Y ojalá que con esto abriera yo camino á nuestros escritores, amantes de la riqueza y propiedad de su lengua, para que hiciesen lo mismo, y poco á poco le restituyesen aquella su nobleza y majestad que tuvo en sus mejores tiempos. No puede verse sin dolor, que se dejen cada dia de usar en España muchas palabras propias, enérgicas, sonoras y de una gravedad inimitable, y que se admitan en su lugar otras que, ni por su orígen, ni por la analogía, ni por la fuerza, ni por el sonido, ni por el número son recomendables, ni tienen más gracia que la novedad.

Para mayor exactitud en la traduccion, he procurado seguir, no sólo la letra, sino tambien el órden de las palabras, y la economía y distribucion de los períodos; dividiéndolos, como Salustio los divide, en cuanto lo permite el sentido de la oracion y el genio del idioma. De suerte que en muchos de ellos, si se cotejan, se hallará la misma estructura y los mismos apoyos y descansos con que se sostiene y suaviza la pronunciacion.

DE LA VIDA

Y PRINCIPALES ESCRITOS

DE SALUSTIO.

A Cayo Salustio Crispo hicieron famoso su vida y sus escritos. La memoria de éstos durará cuanto durare el aprecio de las letras. Aquélla debiera pasarse en silencio, y áun sepultarse en el olvido. Diré, sin embargo, brevemente, que nació en el año 668, ó en el 669 de Roma, en Amiterno, pueblo de los Sabinos, en el mismo confin del Abruzo, no léjos de la ciudad *de la Aquila*, la cual, segun Celario afirma, se engrandeció con sus ruinas. Fué de familia ilustre. De pequeño se aplicó á las letras, y trasladado á Roma y á los negocios del Foro, se dejó arrastrar de la ambicion: vicio que no se avergüenza de confesar, ó porque era general, ó porque, segun frase del mismo, *se acerca más á la virtud*. De edad de 34 años, en el de 702 de Roma, obtuvo el Tribunado de la plebe. En este magistrado se hubo muy mal; y en él y en los dos siguientes años dió motivo á que se le echase con ignominia del Senado. Favorecióle Julio César, y le restituyó á su lugar y dignidad, honrándole despues con la Cuestura y Pretura, y últimamente, por los años 707 de Roma, con el gobierno de la Numidia, en cuyo empleo acabó de darse á conocer, saqueando la provincia. Fastidiado de los negocios, quizá porque no le salian á su gusto, se resolvió á vivir privadamente el resto de su vida. Murió de 50 años (no de 70 como Juan Clerc afirma), si es cierto lo que tambien este autor, siguiendo la comun opinion, dice, que nació en el año 669 de Roma, en el tercer Consulado de Lucio Cornelio Cina, y Cneo Papirio Carbon; y que murió en el de 719, siendo Cónsules Sexto Pompeyo, y Sexto (ó Lucio) Cornificio, cuatro años ántes de la batalla Acciaca.

En cuanto á sus obras, hay varias opiniones acerca del tiempo en que las compuso.

Juan Clerc sospecha que así el *Catilina* como el *Jugurta* se escribieron poco despues de haber Salustio obtenido el Tribunado. Pero sus conjeturas *de haber vivido entónces Salustio apartado de los negocios, y de no ser enemigo de Ciceron*, son muy endebles. Porque tambien despues del gobierno de la Numidia vivió retirado; y en los últimos años de su vida, en que pudo escribir sus obras, habria ya cesado la enemistad con Ciceron, puesto que éste habia muerto algunos años ántes, en el de 711 de Roma. Fuera de que, con lo que el mismo Clerc añade: *no ser aquellos escritos de un hombre de pocos años*, destruye sus conjeturas; porque acababa de decir que Salustio nació en el 669 de Roma, y, segun esta cuenta, en el de 702 tendria poco más de 33 años.

Soy de parecer que ambas obras se escribieron despues de la muerte de Julio César, ó de los idus de Marzo del año 710 de Roma. Del *Catilina* lo da á entender claramente el mismo Salustio en la comparacion que hace entre César y Caton. *Hubo* (dice) *en mi tiempo dos varones;* y no hablaria de este modo si entónces viviera Julio César. Siendo, pues, constante que el *Catilina* se escribió ántes que el *Jugurta*, lo que además del general consentimiento de los doctos, se reconoce por el exordio del mismo *Catilina*, donde se muestra que éste fué el primer ensayo de sus escritos, en las palabras: *vuelto á mi primer estudio, de que la ambicion me habia distraido, determiné escribir la Historia del Pueblo Romano;* se convence que tambien el *Jugurta* fué posterior á la muerte de Julio César.

Pero yo añado que esta última obra tardó aún algunos años en escribirse, y que lo indica bastantemente Salustio, cuando en su exordio, despues de haber dicho: *los magistrados y gobiernos, y en una palabra, todos los empleos de la República son en mi juicio en este tiempo muy poco apetecibles,* prosigue hablando de esta suerte contra los que atribuian su retiro á flojedad y desidia: *los cuales si reflexionan, lo primero, en qué tiempos obtuve yo empleos públicos, y qué sujetos competidores mios no los pudieron alcanzar; y además de esto, qué clases de gentes han llegado despues a la dignidad de Senadores; reconocerán, sin duda, que no fué pereza la que me hizo mudar de propósito, sino justa razon que para ello tuve.* Porque las palabras *en este tiempo, en qué tiempos obtuve yo, y qué clases de gentes han llegado despues,* etc., manifiestan que habia pasado mucho tiempo desde que Salustio obtuvo empleos, esto es, desde los últimos años de Julio César, hasta que trabajó esta obra.

Aun más claro en el mismo exordio. Habiendo dicho que los que obtienen con fraudes los empleos de la República no por eso son mejores, ó viven más seguros, prosigue así: *el dominar un ciudadano á su patria y á los suyos, y obligarles con la fuerza, aún cuando se llegue á conseguir y se corrijan los abusos, siempre es cosa dura y arriesgada, por traer consigo todas las mudanzas de gobierno muertes, destierros y otros desórdenes; y por el contrario empeñarse en ello vanamente y sin más fruto que malquistarse á costa de fatigas, es la mayor locura; si ya no es que haya quien poseido de un infame y pernicioso capricho, quiera el mando para hacer un presente de su libertad y de su honor á cuatro poderosos.* Donde en mi juicio señala Salustio como con el dedo la mudanza de la República en Monarquía en las palabras: *todas las mudanzas de gobierno;* la muerte de César y las proscripciones que con ese motivo hubo en las inmediatas: *muertes, destierros y otros desórde-*

nes; la temeridad y locura de Bruto y Casio,
que prometiéndose restituir la libertad á Roma con el asesinato de Julio César, no hicieron más que poner el gobierno en manos de
los Triumviros, en lo que sigue: *es la mayor
locura, y hacer un presente de su libertad y de
su honor á cuatro poderosos.* Y esto prueba
bien que Salustio escribió el *Jugurta* cuando
estaba en su auge el Triumvirato, esto es,
años despues del 711 de Roma. No pudo Salustio hablar en otro tono de César, á fuer de
agradecido; ni nombrarle, ni declarar á los
Triumviros, porque habia en ello riesgo; y
así se contentó con darlo á entender por estos rodeos.

La misma serie del *Jugurta* manifiesta que
Salustio no acabó de perfeccionarlo; porque
su última mitad está defectuosa en varias
partes. No nombra la ciudad que se tomó por
la industria y valor del Ligur; ni el alcázar
Real, á cuya conquista fué Mario cuando
llegaron los Embajadores de Boco al campo
de los Romanos; y áun la prision y entrega
de Jugurta á Mario y el triunfo de éste lo
cuenta con la mayor frialdad, como quien
solamente apunta, y por decirlo así, toma los
cabos de lo que se propone tratar con más

extension. Ni dice nada del paradero de Jugurta, que unos creen que murió de hambre y frio en un silo, otros que fué precipitado de la roca Tarpeya, y otros, con Paulo Orosio, que le fué dado garrote en la cárcel.

LA CONJURACION
DE CATILINA.

Justa cosa es que los hombres, que desean aventajarse á los demas vivientes, procuren con el mayor empeño no pasar la vida en silencio como las bestias, á quienes Naturaleza crió inclinadas á la tierra, y siervas de su vientre. Nuestro vigor y facultades consisten todas en el ánimo y el cuerpo: de éste usamos más para el servicio, de aquél nos valemos para el mando: en lo uno somos iguales á los dioses, en lo otro á los brutos. Por esto me parece más acertado solicitar gloria por medio del ingenio, que de las fuerzas corporales; y puesto que la vida que vivimos es tan breve, eternizar cuanto sea posible nuestro nombre: porque la gloria que producen las riquezas y hermosura, es frágil

y caduca; la virtud, ilustre y duradera. No
obstante esto, hubo larga y porfiada disputa
entre los hombres, sobre si el ejercicio de la
guerra se adelantaba más con las fuerzas del
cuerpo, ó con el vigor del ánimo: porque
para cualquiera empresa se necesita de consejo; resuelta una vez, de pronta ejecucion.
Y así el ánimo y el cuerpo, no pudiendo
obrar por sí solos, mutuamente se necesitan
y socorren.

En lo antiguo los Reyes (que este fué el
nombre que se dió en el mundo á los primeros que mandaron) ejercitaban ya el ánimo,
ya el cuerpo, segun el genio de cada uno:
áun entónces pasaban los hombres la vida
sin codicia: todos estaban contentos con su
suerte. Pero despues que Ciro en Asia, y en
Grecia los Lacedemonios y Atenienses comenzaron á sojuzgar los pueblos y naciones,
á guerrear por solo el antojo del mando, y á
medir su gloria por la grandeza de su Imperio; entónces mostró la experiencia y los sucesos que el nervio de la guerra es el ingenio. Y á la verdad si los Reyes y Generales
hiciesen tanto uso de él en tiempo de paz,
como en la guerra, con más tenor é igualdad
irian las cosas humanas, ni lo veríamos todo

tan trocado y confundido: porque el mando
fácilmente se conserva por las virtudes mismas con que al principio se alcanzó. Pero
luégo que ocupa el lugar del trabajo la desidia, y el capricho y soberbia el de la moderacion y equidad, múdase juntamente con
las costumbres la fortuna: y así pasa siempre
el Imperio del malo y no merecedor á los
mejores y más dignos. La tierra, los mares,
y cuanto encierra el mundo está sujeto á la
humana industria; pero con todo hay muchos que entregados á la gula y al sueño
pasan su vida, como peregrinando, sin ense-
ñanza ni cultura; á los cuales, trocado el
órden de la naturaleza, el cuerpo sirve sólo
para el deleite, el alma les es de carga y embarazo. Para mí no es ménos despreciable la
vida de éstos que la muerte, porque ni de
una ni de otra queda memoria: y me parece
que solo vive y goza de la vida el que ocupado honestamente procura granjearse fama
por medio de alguna hazaña ilustre ó virtud
excelente. Pero como hay tantos caminos,
Naturaleza guia á cada uno por el suyo.

Noble cosa es hacer bien á la República;
pero ni el bien hablar carece de su mérito.
En paz y en guerra hay campo para hacerse

un ciudadano ilustre: y así no sólo se celebran muchos que hicieron cosas grandes, sino tambien que las escribieron de otros. Y á la verdad, aunque nunca sea tan digno de gloria el que escribe como el que hace las cosas, me parece sin embargo muy difícil escribir bien una historia: ya porque para esto es menester que las palabras igualen á los hechos; ya porque hay muchos que si el escritor reprehende algun vicio, lo atribuyen á mala voluntad ó envidia; y cuando habla del valor grande y de la gloria de los buenos, creen sin violencia lo que les parece que ellos pueden fácilmente hacer; pero si pasa de allí, lo tienen por mentira, ó por exageracion. Yo, pues, en mis principios, siendo mozuelo, me trasladé, como otros muchos, del estudio á los negocios públicos, donde hallé mil cosas que me repugnaban: porque en lugar de la modestia, de la frugalidad y desinteres, reinaban allí la desvergüenza, la profusion y la avaricia. Y aunque mi ánimo, no acostumbrado á malas mañas, rehusaba todo esto, mi tierna edad cercada de tantos vicios se dejó corromper y apoderar de la ambicion: de suerte que, repugnándome las malas costumbres de los otros, no me atormentaba ménos que á ellos la **envidia** y la ánsia de adquirir honor y fama.

Ya pues que descansé de muchos trabajos y peligros que habia pasado, y que me resolví á vivir el resto de mi vida léjos de la República, no fué mi ánimo desaprovechar este buen tiempo, entregado á la ociosidad y á la desidia, ni ocuparme tampoco en el cultivo del campo, ó en la caza, dedicado á oficios serviles; sino ántes bien, vuelto á mi primer estudio de que la ambicion me habia distraido, determiné escribir la historia del Pueblo romano, no seguidamente, sino eligiendo esta ó aquella parte, segun me pareciese más digna de contarse; tanto más, que yo nada esperaba ni temia, y que me hallaba del todo libre de partido. Así que brevemente y con la puntualidad posible contaré la conjuracion de Catilina, cuyo hecho me parece uno de los más memorables por lo extraordinario de la maldad y del peligro á que expuso á la República. Pero ántes de hablar en ello conviene decir algo de las costumbres de este hombre.

Lucio Catilina fué de linaje ilustre, y dotado de grandes fuerzas y talento, pero de inclinacion mala y depravada. Desde mancebo fué amigo de pendencias, muertes, robos y discordias civiles, y en esto pasó su juventud. Sufria, cuanto no es creible, la hambre, la falta de sueño, el frio, y demas incomodidades del cuerpo: en cuanto al ánimo, era osado, engañoso, vario, capaz de fingir y de disimular cualquiera cosa, codicioso de lo ajeno, pródigo de lo suyo, vehemente en sus pasiones, harto afluente en el decir, pero poco cuerdo. Su corazon vasto le llevaba siempre á cosas extraordinarias, desmedidas, increibles. Desde la tiranía de Lucio Sila se habia altamente encaprichado en apoderarse de la República, sin detenerse ni reparar en nada, con tal que consiguiese su intento. Inquietaban cada dia más y más su ánimo feroz la pobreza y el remordimiento de su conciencia: males ambos que habia él aumentado con las perversas artes que se dijeron ántes. Brindábanle además de esto las costumbres estragadas de Roma, combatida á un mismo tiempo de dos grandes y entre sí opuestos vicios: el lujo y la avaricia. La cosa nos guia por sí misma (pues nos acuerda el tiempo las costumbres de Roma) á tomarla desde su principio, y tratar brevemente de las leyes y gobierno de nuestros

mayores en paz y en guerra; del modo con
que administraron la República; cuánto la
engrandecieron, y cómo poco á poco dege-
nerando, de muy frugal y virtuosa, ha venido á ser la más perversa y estragada.

A Roma, segun es tradicion, fundaron y
poseyeron en el principio los Troyanos, que
prófugos con su capitan Eneas andaban
vagando sin asiento fijo: y con ellos los Abo-
rígenes, gente inculta, sin leyes, sin gobierno, libre y desmandada. Juntos estos dos
pueblos dentro de un recinto de murallas, no
es creible cuán fácilmente se hermanaron, no
obstante ser de linaje desigual y de diferente
lengua y costumbres. Pero luego que su Estado, creciendo en gente, cultura y territorio,
se vió floreciente y poderoso, su opulencia le
acarreó envidia, como sucede de ordinario en
las cosas humanas; y así los reyes y pueblos
comarcanos los comenzaron á inquietar con
guerras, en que pocos de sus aliados les ayu-
daban, desviándose los demas amedrentados
del peligro. Pero los Romanos, atentos á su
policía y á la guerra, se daban prisa y se
apercibian, animándose unos á otros: salian
al encuentro al enemigo; defendian con las
armas su libertad, su patria y sus familias; y

ya que habian valerosamente superado los peligros, se ocupaban en ayudar á sus confederados y amigos, y se granjeaban alianzas no tanto admitiendo, como haciendo beneficios. Su gobierno estaba ceñido á determinadas leyes, y daban nombre de Rey al que le obtenia. Los ancianos, que aunque faltos de fuerzas, conservaban vigoroso el ánimo por su sabiduría y experiencias, eran los escogidos para consejeros de la República; y estos, bien por su edad, ó porque tenian el cuidado de padres, se llamaban con este nombre. Pero despues que el gobierno regio, establecido en los principios para la conservacion de la libertad y aumento del Estado, degeneró en soberbia y tiranía; mudando de costumbre, redujeron á un año el imperio, y crearon dos Cónsules que les gobernasen: persuadidos á que de esa suerte era imposible que el corazon humano se engriese con la libertad del mando.

En este tiempo empezaron los Romanos á señalarse más y más, y á dar á conocer su ingenio. Porque á los reyes no dan que recelar los flojos y cobardes, sino los buenos y valerosos; y siempre la virtud ajena les causa sobresaltos. No es creible, pues, cuánto vuelo tomó en breve tiempo la ciudad, una vez sacudido el yugo: tal deseo de gloria habia entrado en sus ciudadanos. El primer estudio de la juventud, luégo que tenía edad para la guerra, era aprender en los reales con el uso y trabajo el arte militar; y ponia su vanidad más en las lucidas armas y caballos belicosos, que en la lascivia y los banquetes. Á hombres, pues, como éstos ningun trabajo les llegaba de nuevo, ningun lugar les era escabroso ó arduo, ni les espantaba la vista del enemigo armado: todo lo habia allanado su valor. Su grande y única contienda era por la gloria. Todos querian ser los primeros en herir al enemigo, en escalar las murallas, en ser vistos y observados miéntras que hacian tales hechos. Estas eran sus riquezas, esta su buena fama y su nobleza mayor. Eran avaros de alabanza, despreciadores del dinero: amantes de gloria hasta lo sumo; de riquezas hasta una honesta medianía. Pudiera yo contar en cuántas ocasiones deshizo el Pueblo romano con un puño de gente grandes ejércitos de enemigos; cuántas ciudades por naturaleza fuertes ganó por asaltó, si esto no hubiese de apartarme mucho de mi propósito.

Pero á la verdad en todo ejerce su imperio

la fortuna, ensalzando, ó abatiendo las hazañas, más por su capricho que segun el merecimiento. Las de los Atenienses fueron, segun yo entiendo, harto esclarecidas y magníficas, aunque en la realidad no tanto como se ponderan; pero la copia que allí hubo de ingenios grandes que las escribiesen, hace que hoy se tengan por las mayores del mundo; y así el valor de los que las hicieron llega en la estimacion comun al mismo elevado punto de grandeza á que llegaron en su elogio los escritores más ilustres. Pero en Roma hubo siempre escasez de éstos: porque los sabios eran los que más se ocupaban en los negocios públicos: nadie cultivaba las letras sin las armas; los valerosos y esforzados preferian el obrar al escribir, y más querian que otros los alabasen por sus hechos que referir ellos los ajenos.

De esta suerte, en paz y en guerra reinaban las buenas costumbres: habia entre los ciudadanos estrecha union: la avaricia no se conocia: lo justo y bueno se observaba más por natural inclinacion que por las leyes. Sus contiendas, discordias y enemistades eran con los enemigos; entre ciudadanos no se disputaba sino de la primacía en el valor. Eran

además de esto espléndidos en el culto y sacrificios de los dioses, frugales en sus casas,
fieles con sus amigos. El valor en la guerra,
y la equidad en la paz eran sus dos apoyos, y
los de la República. Para mí son pruebas muy
claras de esto el que en tiempo de guerra
más veces castigaban á los que, llevados del
ardor militar, peleaban contra el órden que
se les habia dado, ó empeñados en la batalla
tardaban en retirarse á la señal, que á los que
desamparaban las banderas y cedian su lugar al enemigo; y en la paz mantenian el
imperio más premiando que haciéndose temer; y si eran agraviados, ántes querian disimular que tomar satisfaccion.

Pero despues que con el trabajo y la justicia se acrecentó la República; que reyes
grandes fueron domados con las armas, y
sojuzgadas á viva fuerza naciones fieras y
pueblos numerosos; que Cartago, competi-
dora del Imperio romano, fué enteramente
arruinada; que tierra y mar estaba llano á su
poder; entónces comenzó á airarse la fortuna,
y á confundirlo todo. Los mismos que habian
de buena voluntad sufrido trabajos, peligros,
sucesos adversos y de dudoso éxito, se dejaron vencer y oprimir del peso de la ociosidad

y las riquezas que no debieran desear. Primero, pues, la avaricia; luégo fué creciendo la ambicion; y estos dos fueron como la masa y material de los demas vicios. Porque la avaricia echó por tierra la buena fe, la probidad y las demas virtudes; en lugar de las cuales introdujo la soberbia, la crueldad, el desprecio de los dioses, el hacerlo todo venal. La ambicion obligó á muchos á ser falsos; á tener una cosa reservada en el pecho y otra pronta en los labios; á pesar las amistades y enemistades, no por el mérito, sino por el provecho; y finalmente, á parecer buenos más que á serlo. Esto en los principios iba poco á poco creciendo, y una ú otra vez se castigaba; pero despues que el mal cundió como un contagio, trocóse del todo la ciudad; y su gobierno, hasta allí el mejor y más justo, se hizo cruel é intolerable.

Pero al principio más estrago que la avaricia hizo en aquellos ánimos la ambicion, que aunque vicio, no dista tanto de la virtud; porque el bueno y el malo desean para sí igualmente la gloria, el honor y el mando. La diferencia está en que aquél se esfuerza á conseguirlo por el camino verdadero; éste, como se halla destituido de mérito, pretende por rodeos y engaños. La avaricia, al contrario, consiste en aficion y deseo de dinero, que ningun sabio apeteció jamás; y este vicio, como empapado en mortal veneno, afemina el cuerpo y el ánimo de los varones fuertes, es siempre insaciable y sin término, ni se disminuye con la escasez ni con la abundancia. Pero despues que ocupada á fuerza de armas la República por Lucio Sila, tuvieron sus buenos principios tan desastrado fin, todo fueron robos y violencias: unos codiciaban las casas, otros las heredades ajenas; y sin templanza ni moderacion alguna los vencedores ejecutaban feas y horribles crueldades en sus conciudadanos. Contribuyó tambien á esto el haber Lucio Sila, contra la costumbre de los mayores, tratado con demasiada indulgencia y regalo al ejército que habia mandado en Asia, á fin de tenerle á su devocion. Los países deleitosos y amenos, junto con el ocio, hicieron muy en breve deponer á los soldados su ánimo feroz. Allí se vió por la primera vez el ejército del Pueblo romano entregado á la embriaguez y á la lascivia; allí comenzó á admirar el primor de las estatuas, pinturas y vasos historiados, y á robarlos á los particulares y al público; allí á despojar los templos y á contaminar lo sagrado y lo profano. En conclusion, estos soldados, despues que obtuvieron la victoria, no dejaron cosa alguna á los vencidos. Porque si en la prosperidad áun los cuerdos difícilmente se moderan, ¿cuánto ménos se contendrian unos vencedores de costumbres tan perdidas?

Desde que empezaron á honrarse las riquezas, y que tras ellas se iba la gloria, la autoridad y el mando, decayó el lustre de la virtud, túvose la pobreza por afrenta, y la inocencia de costumbres por odio y mala voluntad. Así que de las riquezas pasó la juventud al lujo, á la avaricia y la soberbia. Robaba, disipaba, despreciaba su hacienda, codiciaba la ajena; y abandonado el pudor y honestidad, confundia las cosas divinas y humanas sin miramiento ni moderacion alguna. Cosa es que asombra ver nuestras casas en Roma, y su campaña, que imitan en grandeza á las ciudades, y cotejarlas con los pequeños templos de los dioses, fundados por nuestros mayores, hombres sumamente religiosos. Pero aquellos adornaban los templos con su piedad, las casas con su gloria, ni á los vencidos quitaban sino la libertad de injuriar de nuevo; éstos, al contrario, siendo, como son, hombres cobardes en extremo, quitan con la mayor iniquidad á sus confederados mismos lo que aquellos fortísimos varones dejaron áun á los enemigos, despues de haberles vencido; como si el usar del mando consistiese solamente en atropellar y hacer injurias.

Dejo de contar otras cosas, que nadie creerá sino los que las vieron: haber, digo, muchos particulares allanado montes y terraplenado mares; gente en mi juicio á quien las riquezas no sirvieron sino para desprecio y burla; porque pudiéndolas gozar honestamente, se daban prisa á despreciarlas por modos vergonzosos. Ni era menor el exceso en la lascivia, en la glotonería, y demas regalo del cuerpo. Prostituíanse infamemente los hombres: exponian las mujeres al público su honestidad: buscábase exquisitamente todo por mar y tierra para irritar la gula: no se esperaba el sueño para el reposo de la cama: no la hambre, la sed, el frio, ni el cansancio: todo lo anticipaba el lujo. Estos desórdenes inflamaban á la juventud, despues que habia disipado sus haciendas, para todo género de maldades. Su ánimo envuelto en vicios, rara vez dejaba de ser antojadizo; y

tanto con mayor desenfreno se entregaba al
robo y á la profusion.

En una ciudad tan grande y tan estragada
en las costumbres, fué cosa muy fácil á Catilina tener cerca de sí, como por guarda,
tropas de facinerosos y malvados. Porque
cuantos con sus insolencias, adulterios y glo-
tonerías habian destrozado sus patrimonios;
cuantos por redimir sus maldades ó delitos
habian contraido crecidas deudas; fuera de
esto, los parricidas de todas partes, los sa-
crílegos, los convencidos en juicio, ó que por
sus excesos temian serlo; los asesinos, los
perjuros; finalmente, aquellos á quienes algun delito, ó la pobreza, ó su conciencia traia
inquietos, eran los allegados y amigos de Catilina. Y si por accidente entraba en su amistad alguno libre aún de culpa, con su coti-
diano trato y añagazas se hacía en breve
igual ó semejante á los demas. Pero entre
estas amistades, ningunas apetecia tanto
como las de los jóvenes, que por lo tierno y
ocasionado de su edad, caian fácilmente en
sus lazos: porque segun la pasion que más
reinaba en ellos, á unos presentaba amigas,
á otros compraba perros y caballos: en suma,
no perdonaba gasto alguno, ni se avergon-

zaba por nada, á trueque de tenerles obligados y seguros para sus ideas. Sé tambien que hubo quien creia que los jóvenes que frecuentaban la casa de Catilina eran tratados con poca honestidad en sus personas; pero este rumor más se fundaba en conjeturas, que en cosa alguna averiguada.

Lo cierto es que Catilina en su mocedad habia cometido excesos muy enormes, con una doncella noble, con una vírgen Vestal, y otros semejantes contra todo derecho. Últimamente, enamorado de Aurelia Orestila, en quien ningun cuerdo halló que alabar sino la hermosura; porque ella no acababa de resolverse al casamiento, temiendo á un entenado ya crecido, tiénese por cierto que con la muerte de su propio hijo quitó el estorbo á tan execrable boda. Este en mi juicio fué el principal motivo de acelerar Catilina su malvado designio; porque su ánimo impuro, aborrecible á los Dioses y á los hombres, ni despierto ni durmiendo hallaba reposo: tanto le desvelaba y traia inquieto su conciencia. Así que andaba sin color, los ojos espantosos, el paso tardo unas veces, otras acelerado; de suerte que á primera vista descubria en la cara y gesto su furor.

Entre tanto, los jóvenes que, como se dijo ántes, habia atraido á sí con sus halagos, aprendian en su escuela toda suerte de maldades. Vendíanse algunos de ellos para testigos falsos y suplantadores de testamentos; tenian en poco su palabra, sus haciendas y sus vidas; y ya que les habia hecho perder su crédito y la vergüenza, los empleaba en cosas mayores. Si no habia de presente asunto por que hacer daño, no por eso dejaba de tender lazos, y asesinar indistintamente á buenos y malos: porque el miedo de que con la falta de uso se le entorpeciese el ánimo ó las manos, le hacía de balde ser malvado y cruel. Confiado en tales compañeros y amigos Catilina, y en que por todas partes estaba el Pueblo sumamente adeudado; como tambien en que muchos de los que habian militado con Sila, por haber malgastado sus haciendas, y acordarse de los robos y de la victoria antigua, deseaban mucho la guerra civil, resolvió tiranizar la República. En Italia no habia ejército: Cneo Pompeyo hacía la guerra en lo más remoto del mundo: Catilina estaba muy esperanzado de ser Cónsul: el Senado enteramente sin recelo: las cosas seguras y tranquilas; todo lo cual favorecia mucho el designio de Catilina.

Por los dias, pues, últimos de Mayo, ó primeros de Junio, en el consulado de Lucio César y Cayo Figulo, los fué primero llamando en particular; exhortó á unos, exploró á otros, y les hizo patente su gran poder, lo desprevenida que se hallaba la República, y las ventajas grandes que de la conjuracion podian prometerse. Ya que hubo bastantemente averiguado lo que queria, convoca en comun á los más necesitados y resueltos. De los Senadores concurrieron Publio Léntulo Sura, Publio Autronio, Lucio Casio Longino, Cayo Cetego, Publio y Servio Silas hijos de Servio, Lucio Vargunteyo, Quinto Anio, Marco Porcio Leca, Lucio Bestia, Quinto Curio; de los Caballeros, Marco Fulvio Nobilior, Lucio Statilio, Publio Gabinio Capiton, Cayo Cornelio; y con ellos mucha gente distinguida de las colonias y municipios. Habia asimismo varios que, sin acabar de descubrirse, eran sabedores de este tratado, á lo cuales estimulaba más la esperanza de mandar, que la pobreza ú otro infortunio. Pero lo más de la juventud, y especialmente los nobles, favorecian abiertamente el designio de Catilina. Los mismos que en la quietud de sus casas podian tratarse con esplendidez y con regalo, preferian lo incierto á lo cierto, querian más la guerra que la paz. Tampoco faltó en aquel tiempo quien creyese que Marco Licinio Craso nada ignoraba de esta negociacion. Porque como Cneo Pompeyo su enemigo se hallaba á la sazon mandando un grande ejército, inferian de ahí, que desearia hubiese quien hiciera frente á su poder, y que podria por otra parte prometerse que, si prevalecia la conjuracion, sería sin dificultad alguna el principal entre sus autores.

Pero ya en otra ocasion se habian conjurado algunos, y entre ellos el mismo Catilina, cuyo hecho referiré lo más puntualmente que pueda. Siendo Lucio Tulo y Marco Lépido cónsules, Publio Autronio y Publio Sila, nombrados para el mismo empleo en el siguiente año, fueron declarados por indignos de él, en castigo de haber sobornado los votos. Poco despues fué acusado Catilina de cohechos, y se le impidió pedir el consulado, por no haberse purgado dentro del término de la ley. Vivia al mismo tiempo Cneo Pison, mancebo noble, sumamente arrojado, pobre, y de genio turbulento, á quien su pobreza y malas costumbres incitaban á alborotar la

República. Con éste comunicaron Catilina y Autronio su pensamiento por los principios de Diciembre, y de resulta se apercibian para asesinar en el Capitolio á los cónsules Lucio Cota y Lucio Torcuato el dia 1.º de Enero, y arrebatando la insignias consulares, enviar á Pison con ejército para que se apoderase de las dos Españas. Descubierta esta trama, difirieron su ejecucion hasta el dia. 5 de Febrero; y entónces no trataban ya sólo de matar á los Cónsules, sino á los más de los Senadores. Y á la verdad, si Catilina no hubiera dado ántes de tiempo la señal á los compañeros á las puertas de la corte, ese dia se hubiera ejecutado en Roma la más execrable maldad que jamás se vió despues de su fundacion. No habia aún llegado bastante gente armada; y esto desconcertó el designio.

Pison despues fué enviado á la España citerior por Tesorero con facultades de Pretor, á instancia de Craso, porque sabía que era mortal enemigo de Cneo Pompeyo. Ni el Senado se hizo muy de rogar en ello, porque deseaba alejar de la República á este hombre turbulento; y tambien porque muchos de los bien intencionados tenian puesta en él su esperanza contra el poder de Pompeyo, que ya

entónces daba que temer; pero sucedió que á
este Pison mataron en su viaje al gobierno
los caballeros españoles que llevaba en su
ejército. Dicen unos, que aquella gente fiera
no pudo aguantar su imperio injusto, su soberbia y sus crueldades; otros, que los agresores, que eran fieles y antiguos ahijados de
Pompeyo, le habian muerto á su persuasion,
y que nunca hasta entónces habian los Españoles ejecutado tal maldad, con haber padecido otras veces muchos y muy malos trata-
mientos. Yo dejo esto en su duda, y basta de
la primera conjuracion.

Catilina, luego que tuvo juntos á los que
poco ántes nombramos, aunque varias veces,
y muy á la larga, habia tratado con cada
uno de ellos; creyendo, no obstante eso, que
convendria hablarles y exhortarles en comun, los retiró á una pieza secreta de la
casa, y allí, sin testigo alguno de afuera, les
habló de esta suerte:

«Si no tuviera yo bien conocida vuestra
»fidelidad y esfuerzo, en vano se nos hu-
»biera presentado una ocasion tan favora-
»ble, y venido á las manos la cierta espe-
»ranza que tenemos del mando; ni con gente
»cobarde ó inconstante me andaria yo tras

»las cosas inciertas, dejando lo seguro. Pero
»como en varios y muy peligrosos lances os
»he experimentado fuertes y adictos á mi
»voluntad, por eso me he resuelto á empren-
»der la hazaña mayor y más gloriosa; y
»tambien, porque entiendo que vuestros bie-
»nes y males son los mismos que los mios;
»y aquella al fin es amistad firme, en que
»convienen todos en un querer y no querer.
»Lo que yo pienso, lo habeis separadamente
»ántes de ahora oido todos de mi boca; pero
»de cada dia se inflama más y más mi
»ánimo, cuando considero cuál ha de ser
»precisamente nuestra suerte, si no reco-
»bramos con las armas la libertad antigua.
»Porque despues que la República ha venido
»á caer en manos de ciertos poderosos, de
»ellos, y no del Pueblo romano, han sido
»tributarios los reyes y petrarcas: á ellos
»han pagado el estipendio militar los pue-
»blos y naciones; todos los demas, fuertes,
»honrados, nobles y plebeyos hemos sido
»indistintamente vulgo, sin favor, sin auto-
»ridad, sujetos á los mismos que nos respe-
»tarian si la República mantuviese su vi-
»gor. Así que todo el favor, todo el poder, la
»honra y las riquezas las tienen ellos, ó es-

»tán donde ellos quieren; para nosotros son
»los peligros, los desaires, la pobreza, y la
»severidad de las leyes. Esto, pues, oh varo-
»nes fuertes, ¿hasta cuándo estais en ánimo
»de sufrirlo? ¿No es mejor morir esforzada-
»mente, que vivir una vida infeliz y des-
»honrada, para perderla al fin con afrenta,
»despues de haber servido de juguete y
»burla á la soberbia de otros? Pero ¿qué
»digo morir? Júroos por los Dioses y los
»hombres, que tenemos la victoria en las
»manos. Nuestro ánimo y edad están en su
»auge; en ellos, al contrario, todo lo han de-
»bilitado sus años y riquezas. Basta empe-
»zar, que lo demas lo allanará la cosa mis-
»ma. Porque ¿quién que piense como hom-
»bre, tendrá valor para sufrir que á ellos les
»sobren riquezas para derramarlas alla-
»nando montes y edificando hasta en los
»mares, y que á nosotros nos falte hacienda
»áun para el preciso vivir? ¿que ellos junten
»en una, para mayor anchura, dos ó más
» casas, y nosotros ni un pequeño hogar
»tengamos donde recogernos con nuestras
»familias? ¿que compren pinturas, estatuas,
»vasos torneados; que derriben para mudar
»por su antojo lo que acabaron de edificar;

»finalmente, que arrastrando y atormen-
»tando sus riquezas de mil modos, no pue-
»dan con sus enormes profusiones agotarlas;
»y que nosotros no tengamos sino pobreza
»en nuestras casas, fuera deudas, males de
»presente, y mucho peores esperanzas? Y en
»fin, ¿qué otra cosa nos queda ya, sino la
»triste vida? Siendo, pues, esto así, ¿por qué
»no acabais de dispertar y resolveros? A la
»vista, á la vista teneis aquella libertad que
»tanto deseasteis: á la vista el honor, la
»gloria, y las riquezas. Todo esto propone
»la fortuna por premio á los vencedores.
»Sean la cosa misma, el tiempo, los peli-
»gros, vuestra pobreza, y los ricos despojos
»de la guerra más eficaces que mis palabras
»para persuadiros. Vuestro General seré, ó
»soldado raso, segun quisiéredes. Ni en
»obra, ni en consejo faltaré un punto de
»vuestro lado: ántes bien esto mismo que
»ahora, espero tratarlo otro dia con vosotros
»siendo Cónsul; si ya no es que la voluntad
»me engaña, y que querais más ser escla-
»vos, que mandar.»

Cuando esto oyeron unas gentes llenas de
trabajos, que nada tenian que perder, ni esperanza de mejorar fortuna, aunque sólo el

turbar la quietud pública era ya en su concepto una recompensa grande; no obstante eso, los más de ellos quisieron saber qué suerte de guerra habia de ser aquella, qué ventajas podrian prometerse, y qué fuerzas ó esperanzas tendrian, donde conviniese, para proseguirla. Entónces les ofreció Catilina nuevas tablas en que se cancelarian sus deudas, proscripciones de ciudadanos ricos, magistrados, sacerdocios, robos, y lo demas que lleva consigo la guerra y el antojo de los vencedores. Añadió á esto hallarse Pison en la España citerior, y en la Mauritania Publio Sicio Nucerino con ejército, ambos sabedores de su pensamiento: que pretendia el consulado Cayo Antonio, al cual esperaba tenerle por compañero: que este era su estrecho amigo, y sumamente pobre; y que junto con él, daria en su año principio á la grande obra. Al mismo tiempo acriminaba atrozmente á todos los buenos, y ensalzaba á los suyos, nombrando á cada uno por su nombre. A este ponia delante su pobreza, á aquel lo que sabía que deseaba, á otros su afrenta ó su peligro, y á muchos la victoria de Sila, que tan rica presa les habia puesto en las manos. Ya que vió estar prontos los

ánimos de todos, deshizo la junta, exhortán-
doles á que tuviesen gran cuenta con su pretension del consulado.

Hubo en aquel tiempo quien dijo que Catilina, concluida su arenga, al tiempo de es-
trechar á los cómplices de su maldad para
que jurasen, les presentó en tazas vino mez-
clado con sangre humana; y que habiéndolo
probado todos despues del juramento, segun
se practica en los solemnes sacrificios, les
descubrió de lleno su intencion: y añadian
que habia hecho aquello, para que de esa
suerte fuesen entre sí más fieles, sabiendo
unos de otros un crímen tan horrendo. Algunos juzgan que estas y otras cosas se fingieron con estudio por los que creian que el
aborrecimiento que se excitó despues contra
Ciceron se iria templando al paso que se
exagerase la atrocidad del delito de los que
habian sido castigados. Yo esto, con ser cosa
tan grande, jamás he llegado á averiguarlo.

Habia entre los conjurados un cierto
Quinto Curio, sujeto de nacimiento ilustre,
pero lleno de maldades y delitos, á quien por
esto los Censores habian echado del Senado
con ignominia. Era no ménos vano que te-
merario y arrojado: no sabía callar lo que

oia de otros, ni ocultar él mismo sus delitos: en suma, hombre sin miramiento alguno en el decir y hacer. Tenía muy de antiguo correspondencia torpe con una mujer noble llamada Fulvia; la cual no gustando ya de él, porque su pobreza no le permitia ser liberal, comenzó de repente á jactarse, y prometerla mares y montes, y alguna vez á amenazarla con el puñal, si no se rendia á su voluntad: últimamente, á tratarla con un modo imperioso, y muy diverso del que habia usado hasta entónces. Sorprehendida Fulvia, y entendido el motivo de la novedad de Curio, no quiso tener oculto un tan gran peligro de la República; y así contó menudamente á varios lo que habia oido de la conjuracion de Catilina, callando sólo el autor de la noticia. Esto fué lo que más dispuso los ánimos para dar el consulado á Marco Tulio Ciceron: porque hasta entónces lo más de la nobleza no le podia oir nombrar, y juzgaba que sería como degradar al consulado, si un hombre de su esfera, aunque tan insigne, llegase á conseguirle: pero toda esta altanería y odio cesaron á vista del peligro.

Llegado el dia de la eleccion, fueron declarados Cónsules Marco Tulio, y Cayo Antonio, lo que aunque al principio sobrecogió á los conjurados, no por eso disminuyó un punto el furor de Catilina; ántes bien cada dia emprendia nuevas cosas; prevenia armas por Italia en los lugares oportunos; enviaba á Fésulas dinero, tomado á logro sobre su crédito y el de sus amigos, á un cierto Manlio, en quien recayó despues el principal peso de la guerra. En este tiempo se dice que atrajo Catilina á su partido muchas gentes de todas clases, y tambien á algunas mujeres que en su juventud habian soportado inmensos gastos con la prostitucion de sus cuerpos, y despues que la edad puso coto á sus ganancias, pero no á su lujo, habian contraido grandísimos empeños. Por medio de éstas se linsojeaba Catilina que podria sublevar á los siervos que en Roma habia, pegar fuego á la ciudad, ganar á sus maridos, y cuando no, matarlos.

Una de ellas era Sempronia, mujer que en varias ocasiones habia cometido excesos que piden arrojo varonil; harto afortunada por su linaje y hermosura, y nada ménos por el marido é hijos que tuvo. Sabía las lenguas griega y latina: cantaba y danzaba con más desenvoltura de lo que conviene á mujer honesta: tenía muchas de aquellas gracias que son incentivos de la lujuria; pero nada estimaba ménos que el pundonor y honestidad. Era igualmente pródiga del dinero, que de su fama; y tan lasciva, que más veces solicitaba á los hombres, que esperaba á ser solicitada. Habia mucho ántes en varias ocasiones abandonado infielmente su palabra, negado con juramento lo que tenía en confianza, intervenido en homicidios, y arrojádose precipitadamente á todo por su liviandad y su pobreza. Por otra parte, su ingenio era feliz para la poesía, para el chiste, para la conversacion, fuese modesta, ó tierna, ó licenciosa. En suma, tenía mucha sal y mucha gracia.

Dispuestas así las cosas, persistia Catilina en su pretension del consulado, con la esperanza de que si le designaban para el siguiente año, dispondria fácilmente como quisiese de Cayo Antonio; pero no cesaba entre tanto, ántes bien por mil caminos armaba lazos á Ciceron. Tampoco á éste faltaba maña, ni astucias para precaverse: porque desde el principio de su consulado habia conseguido por medio de Fulvia, á fuerza de promesas, que Quinto Curio, de quien se habló poco ántes, le descubriese los designios de Catilina. Habia además de esto obligado á su compañero Antonio, con asegurarle para despues del consulado el gobierno de una provincia, á que no tomase empeño contra la República; y entretenia ocultamente cerca de su persona varios ahijados y amigos para su resguardo. Catilina, llegado el dia de la eleccion, como vió que ni su pretension, ni las asechanzas puestas al Cónsul le habian salido bien, determinó hacer abiertamente la guerra, y aventurarlo todo, puesto que sus ocultas tentativas se le habian frustrado y vuelto en su daño.

Para esto envió á Cayo Manlio á Fésulas y á aquella parte de Etruria; á un cierto Septimio, natural de Camerino, á la campaña del Piceno; á Cayo Julio á la Pulla; á otros, finalmente, á otras partes, segun y adonde creia que podrian convenir á sus intentos. Entre tanto maquinaba en Roma á un mismo tiempo muchas cosas: tendia nuevos lazos al Cónsul: disponia incendios: ocupaba las avenidas de la ciudad con gente armada, sin dejar un punto del lado su puñal. A unos daba órdenes, á otros exhortaba á que estuviesen siempre atentos y prevenidos: no cesaba dia y noche, y andaba desvelado, sin que le quebrantase la falta de sueño ni el trabajo. Pero viendo al fin que se le malograba cuanto emprendia, llama otra vez á deshora de la noche á los principales conjurados á casa de Marco Porcio Leca, donde habiéndose altamente quejado de su inaccion y cobardía, les dijo: «que habia enviado de antemano á »Manlio, para que gobernase la gente que »tenía en la Etruria pronta para tomar las »armas, y á otros á varios lugares oportunos »para que comenzasen la guerra; y que él »deseaba mucho ir al ejército, si ántes logra- »ba matar á Ciceron, cuyos ardides descon- »certaban en gran parte sus ideas.»

Pasmados y suspensos al oir esto los demas concurrentes, Cayo Cornelio, Caballero romano, y Lucio Vargunteyo, Senador, se ofrecieron de suyo, y determinaron ir poco despues aquella misma noche con gente armada á casa de Ciceron, como que le iban á visitar, y cogiéndole desprevenido matarle improvisamente. Vió Curio el gran peligro que amenazaba al Cónsul, y avisóle inmediatamente por medio de Fulvia del lazo que se le preparaba; con lo que, siéndoles negada la entrada, no tuvo efecto su execrable designio.

Entre tanto, Manlio en la Etruria iba suble-
vando la plebe, que por su pobreza, y el dolor de haber en tiempo de la tiranía de Sila
perdido sus campos y haciendas, estaba deseosa de novedades; y asimismo á los fora-
gidos de todas clases, de que habia gran copia en aquellas partes; y á algunos de los
que Sila habia heredado en sus colonias, los
cuales con haber robado tanto, lo habian
consumido todo con su lujuria y sus excesos.

Sabido esto por Ciceron, y viéndose entre
dos males (porque ni podia ya por sí preser-
var más tiempo á la ciudad de las asechanzas de los conjurados, ni acababa de saber
cuán numeroso era, ó que designio tenía el
ejército de Manlio), detérminase á dar cuenta
al Senado de lo que pasaba y comenzaba ya
á andar en los corrillos del vulgo. La resolucion fué la regular en los casos del mayor
peligro: «que hiciesen los Cónsules como no
recibiese daño la República.» Por esta fór-
mula concede el Senado, segun costumbres
de Roma, al Magistrado la suma del poder,
y le autoriza para juntar ejército, hacer la
guerra, obligar por todos medios á ella á los
confederados y ciudadanos, y ejercer en la
ciudad y en campaña el supremo imperio y

la judicatura: porque de otra suerte, sin mandamiento del Pueblo, nada de esto puede hacer el Cónsul.

De allí á pocos dias el Senador Lucio Senio leyó en el Senado una carta, que dijo le escribian de Fésulas, y el contenido era, que Cayo Manlio el dia veintisiete de Octubre habia tomado las armas con gran número de gentes. Al mismo tiempo, decian unos (como acontece en semejantes casos), que en varias partes se habian visto monstruos y prodigios: otros que se tenian juntas, que se transportaban armas, que en Capua y en la Pulla estaban para levantarse los esclavos. Por esto ordenó el Senado que Quinto Marcio Rex pasase á Fésulas, y Quinto Metelo Crético á la Pulla y lugares circunvecinos. Estos dos Generales estaban detenidos en las cercanías de Roma por la malignidad de algunos, que, acostumbrados á venderlo todo, fuese justo ó injusto, les disputaban entrar en triunfo. Ordenóse tambien que los Pretores Quinto Pompeyo Rufo y Quinto Metelo y Celer fuesen, aquél á Capua, éste á la campaña del Piceno, «ambos con facultad de juntar ejér»cito, segun el tiempo y el peligro lo pidie»sen.» Además de esto, «se ofrecieron premios

»á los que descubriesen la conjuracion con-
»tra la República, es á saber, cien sestercios
»y la libertad al siervo, doscientos al libre y
»la impunidad de su delito;» y se ordenó asimismo «que las cuadrillas de los gladiatores
»se repartiesen entre Capua y los demas mu-
»nicipios, segun las fuerzas de cada uno, y
»que por toda la ciudad hubiese de noche
»rondas á cargo de los Magistrados menores.»

Con esto estaban los ciudadanos conmovi-
dos, y trocado el semblante de la ciudad.
De una suma y no interrumpida alegría,
que habia producido en ella la paz de muchos
años, pasó de repente á apoderarse de todos
la tristeza. Andaban azorados, medrosos, sin
fiarse de lugar ni de persona alguna: ni estaban en guerra, ni tenian paz: medía cada
uno los peligros por su miedo. Las mujeres,
por otra parte, poseidas de un desacostum-
brado espanto á vista de la guerra y de la
grandeza del suceso, se afligian, alzaban las
manos al cielo, lastimábanse de sus tiernos
hijuelos, todo lo preguntaban, todo lo temian,
y olvidadas de la vanidad y los regalos, des-
confiaban de su suerte y de la salud de la patria. Pero el desapiadado Catilina no desistia
por eso de su intento, áun viendo las preven-

ciones de gente que se hacian, y que Lucio
Paulo le habia ya acusado por la ley Plaucia
de haber maquinado contra la República;
hasta que al fin, por disimular, y en apariencia de querer justificarse, como si hubiese
sido provocado por calumnia, se presentó en
el Senado. Entónces el Cónsul Marco Tulio,
ó porque temiese al verle, ó dejado llevar de
su justo enojo, dijo una oracion elegante y
útil á la República, que publicó despues por
escrito. Concluida que fué, Catilina, como
era nacido para el disimulo, puestos en el
suelo los ojos, comenzó en tono humilde á
rogar al Senado, «que no diese ligeramente
»crédito á lo que se decia de él: que de un
»nacimiento y conducta cual habia sido la
»suya desde su mocedad, debian por el con-
»trario prometerse todo bien; ni pensasen ja-
»más que un hombre patricio, como él era,
»cuyos mayores, y áun él mismo, tenian he-
»chos tantos servicios á la plebe de Roma,
»pudiese interesar en la ruina de la Repúbli-
»ca, especialmente cuando velaba á su con-
»servacion un ciudadano tal como Marco
»Tulio, que ni áun casa tenía en la ciudad;»
y añadiendo á esta otras injurias, levantan
todos el grito contra él, llamándole parricida

y enemigo público. Entónces, furioso, prorumpió diciendo: «Ya que mis enemigos me »tienen sitiado, y me estrechan á que me »precipite, yo haré que mi incendio se apa- »gue con su ruina.»

Y saliéndose arrebatadamente del Senado, se fué á su casa, donde revolviendo en su interior mil cosas (porque ni le salian bien las asechanzas que habia puesto al Cónsul, y veia que no era posible dar fuego á la ciudad por la vigilancia de las rondas), persuadido á que lo mejor sería aumentar su ejército, y prevenir con tiempo lo necesario para la guerra, ántes que el Pueblo alistase sus legiones; partióse á deshora de la noche con pocos de los suyos para los reales de Manlio, dejando encargado á Cetego, á Léntulo y á otros, que sabía eran los más determinados, que afianzasen por los medios posibles las fuerzas del partido, que hiciesen por asesinar presto al Cónsul, y previniesen muertes, incendios, y los demas estragos de la guerra civil; ofreciéndoles que de un dia para otro se acercaria á la ciudad con un poderoso ejército. Miéntras pasaba esto en Roma, envió Cayo Manlio algunos de los suyos á Quinto Marcio Rex con esta embajada:

«Los Dioses saben y los hombres, Quinto
»Marcio, que ni hemos tomado las armas
»contra la patria, ni con ánimo de dañar á
»nadie; sí sólo por libertar nuestras personas
»de la opresion é injuria, viéndonos, por la
»tiranía de los usureros, reducidos á la mayor
»pobreza y miseria, los más fuera de nues-
»tras patrias, todos sin crédito ni hacienda,
»sin poder usar, como usaron nuestros ma-
»yores, del remedio de la ley, ni áun siquiera
»vivir libres, despues de habernos despojado
»de nuestros patrimonios: tanta ha sido su
»crueldad y la del Pretor. En muchas ocasio-
»nes vuestros mayores, compadecidos de la
»plebe romana, aliviaron su necesidad con
»sus decretos; y últimamente en nuestros dias
»por lo excesivo de las deudas, se redujo á la
»cuarta parte el pago de ellas, á solicitud de
»todos los bien intencionados. Otras veces la
»misma plebe, ó deseosa del mando, ó irri-
»tada por la insolencia de los Magistrados,
»tomó las armas, y se separó del Senado.
»Nosotros no pedimos mando ni riquezas, que
»son el fomento de todas las guerras y con-
»tiendas: pedimos sólo la libertad, que nin-
»gun hombre honrado pierde sino con la
»vida. Por esto, á tí y al Senado os conjura-

»mos que os apiadeis de unos conciudadanos
»infelices; que nos restituyais el recurso de la
»ley, que nos quitó la iniquidad del Pretor;
»sin dar lugar á que, obligados de la necesi-
»dad, busquemos cómo perdernos, despues de
»haber vendido bien caras nuestras vidas.»

Quinto Marcio respondió á esto: «que si te-
»nian que pedir, dejasen ante todo las armas,
»fuesen á Roma, y lo representasen humil-
»demente al Senado; el cual, y el Pueblo ro-
»mano habian siempre usado con todos de
»tanta mansedumbre y clemencia, que no
»habia ejemplar que hubiese alguno implo-
»rado en vano su favor.» Catilina entre tanto
desde el camino escribió á los más de los
Consulares y á las personas de mayor autoridad de Roma, diciéndoles «que el verse ca-
»lumniosamente acusado por sus contrarios,
»á cuyo partido no podia resistir, le obligaba
»á ceder á la fortuna, y retirarse desterrado
»á Marsella; no porque se sintiese culpado
»en lo que se le imputaba, sino por la quietud
»de la República, y porque de su resistencia
»no se originase algun tumulto.» Pero Quinto Cátulo leyó en el Senado otra carta muy
diferente, la cual dijo habérsele entregado de
parte de Catilina. Su copia es esta:

«Lucio Catilina á Quinto Cátulo. Salud. Tu
»gran fidelidad, que tengo bien experimen-
»tada, y que en mis mayores peligros me ha
»sido muy apreciable y grata, me alienta á
»que me recomiende á tí. Por esto no pienso
»hacer apología de mi nueva resolucion, sino
»declarártela, y sus motivos, para mi des-
»cargo, pues de nada me acusa la concien-
»cia; y esto lo puedes creer sobre mi jura-
»mento. Hostigado de varias injurias y afren-
»tas que he padecido; y viéndome privado
»del fruto de mi trabajo é industria, y sin el
»grado de honor correspondiente á mi digni-
»dad, tomé á mi cargo, como acostumbro, la
»causa pública de los desvalidos y misera-
»bles: no porque no pudiese yo pagar con
»mis fondos las deudas que por mí he con-
»traido, ofreciéndose la liberalidad de Aure-
»lia Orestila á satisfacer con su hacienda y la
»de su hija áun las que otros me han oca-
»sionado; sino porque veia á gentes indignas
»en los mayores puestos y honores, y que á
»mí por solas sospechas falsas se me excluia
»de ellos. Por esto he abrazado el partido de
»conservar el resto de mi dignidad por un
»camino harto decoroso, segun mi actual
»desgracia. Más quisiera escribirte, pero se

»me avisa que vienen sobre mí. Encárgote á
»Orestila, y te la confio y entrego, rogándote,
»por la vida de tus hijos, que la defiendas de
»todo agravio. A Dios.»

Pero Catilina, habiéndose detenido poco
tiempo en la campaña de Reate en casa de
Cayo Flaminio, miéntras proveia de armas
á la gente de aquellas cercanías, que ántes
habia solicitado, encamínase á los reales de
Manlio, precedido de las haces consulares, y
demas insignias del imperio. Súpose esto en
Roma, y el Senado declara luego «á Catilina
»y Manlio por enemigos públicos; y al resto
»de sus gentes señala término, dentro del
»cual pudiesen sin recelo alguno dejar las ar-
»mas, excepto los ya sentenciados por deli-
»tos capitales. Manda además de esto que los
»Cónsules alisten gente, que Antonio salga
»al instante con ejército en busca de Catilina,
»y Ciceron quede en guarda de la ciudad.»
En esta ocasion me parece á mí que el Imperio del Pueblo romano fué en sumo grado
digno de compasion: porque obedeciéndole
el mundo entero, conquistado por sus armas,
desde Oriente á Poniente; teniendo en sus
casas paz, y abundancia de riquezas, que
son las cosas que los hombres más estiman,

hubo, sin embargo, ciudadanos tan duros y obstinados, que más que gozar de estos bienes, quisieron perderse á sí, y á la República. Porque ni áun despues de repetido el decreto del Senado, se halló siquiera uno, entre tanta muchedumbre, que llevado del interes del premio descubriese la conjuracion, ó desamparase los reales de Catilina: tal era la fuerza del mal, que como un contagio se habia pegado á los más de los ciudadanos.

Ni pensaban sólo así los que tenian parte en la conjuracion, sino absolutamente toda la plebe, llevada del deseo de novedades, aprobaba el intento de Catilina; y en esto hacía segun su costumbre: porque siempre en las ciudades los que no tienen que perder envidian á los buenos, ensalzan á los que no lo son, aborrecen lo antiguo, aman la novedad, y descontentos con sus cosas y estado, desean que se mude todo, alimentándose entre tanto de los alborotos y tumultos, sin cuidado alguno, porque en todo acontecimiento pobres se quedan. Pero la plebe de Roma se habia dejado llevar del torrente de la conjuracion por muchos motivos. En primer lugar, cuantos en todas partes eran señalados por sus infamias y atrevimientos, cuantos habian perdido afrentosamente sus patrimonios, cuantos por sus excesos y delitos andaban desterrados de sus patria; todos habian acudido á Roma como á una sentina de maldades. Habia tambien muchos que, acordándose de la victoria de Sila, y viendo á algunos que de soldados rasos habian llegado á Senadores, y á otros tan ricos que en la ostentacion y trato parecian reyes, se prometian para sí otro tanto, si tomaban las armas y quedaban vencedores. Fuera de esto, los jóvenes del campo, que habian hasta allí vivido pobremente atenidos al jornal de sus manos, convidados por las públicas y privadas liberalidades, se hallaban mejor con el descanso de la ciudad que con su desagradable antiguo ejercicio. Estos, y los demas que he referido, se mantenian á costa de la calamidad pública. Por lo que no es tanto de admirar, que unos hombres pobres, viciosos, y llenos de altas esperanzas, no mirasen mejor por la República que por sí mismos. Por otra parte, aquellos cuyos padres en tiempo de Sila habian sido desterrados, ó que habian perdido sus bienes, ó padecido algun menoscabo en sus privilegios, no esperaban con mejor intencion el éxito de esta guerra; y general-

mente cuantos no eran del partido del Senado, más querian ver la República revuelta,
que perder un punto de su autoridad: y este
mal se habia despues de muchos años vuelto
á introducir en la ciudad.

Porque habiéndose en el consulado de Cneo
Pompeyo y Marco Craso restituido á su primer estado la potestad tribunicia, sucedia
muchas veces que, ocupando este supremo
magistrado gente de poca edad y de genio
ardiente y fogoso, conmovian á la plebe acri-
minando al Senado, y la inflamaban más con
sus liberalidades y promesas; haciéndose ellos
por este medio ilustres y poderosos. Oponían-
seles con el mayor empeño lo más de la nobleza, so color de favorecer al Senado; pero
en la realidad por engrandecerse cada uno.
Porque, para decirlo breve y claro, cuantos
en aquel tiempo conturbaron la República,
afectando deseo del bien comun con coloridos
honestos, unos como que defendian los derechos del Pueblo, otros como por sostener la
autoridad del Senado, todos ponian su principal mira en hacerse poderosos: ninguno
tenia moderacion ni tasa en sus porfias: unos
y otros llevaban á sangre y fuego la victoria.

Pero despues que Cneo Pompeyo fué enviado á la guerra de mar contra los piratas, y luego contra Mitridates, decayó el poder de la plebe, y se aumentó el de algunos particulares. Estos obtenian los magistrados, los gobiernos y los demas empleos: éstos vivian impunemente y sin cuidado en medio de la prosperidad, amedrentando á los demas con los castigos, á fin de que no abusasen del Tribunado para irritar la plebe. Pero á la menor esperanza que hubo de novedades, volvió la antigua contienda á poner en arma aquellos ánimos. Y á la verdad, si Catilina hubiera quedado vencedor, ó á lo ménos no vencido en la primera batalla, sin duda alguna hubiera sobrevenido gran trabajo y calamidad á la República: ni los vencedores mismos pudieran gozar por mucho tiempo de la victoria; porque hallándose ya debilitados y rendidos, cualquiera otro más poderoso les hubiera quitado de las manos el Imperio y la libertad. Pero hubo muchos que, aunque no eran de la conjuracion, fueron desde el principio á unirse con Catilina. Uno de ellos fué Fulvio, hijo de Senador, á quien habiendo alcanzado y hecho volver desde el camino, le mandó matar su padre. En este mismo tiempo, Léntulo en Roma, segun el órden que le habia dejado Catilina, iba ya por sí, ya por medio de otros, solicitando á cuantos por sus costumbres ó infortunios creia ser á propósito para novedades; sin detenerse en que no fuesen ciudadanos, sino á toda clase de gentes, con tal que fuesen de provecho para la guerra.

Encarga, pues, á cierto Publio Umbreno que explore á los Legados de los Alóbroges, y los induzca, si pudiere, á la conjuracion; esperando que lo lograria fácilmente, porque estaban sumamente adeudados por sí mismos y á nombre de su ciudad, y por ser de suyo los Galos gente belicosa. Habia este Umbreno estado algun tiempo en aquella parte de la Galia á sus dependencias; y así, era conocido y conocia tambien á los más de los sujetos principales de las ciudades de ella. Con esto, sin tardanza alguna, en la primera ocasion que encontró á los Legados en el foro, se llegó á ellos, y preguntándoles ligeramente acerca del estado de su ciudad, como que se compadecia de su desgracia, les añadió en el mismo tono de pregunta: «¿qué fin creian que podrian tener tan grandes males;» y como los vió quejarse de la avaricia

de los Magistrados, echar la culpa al Senado
porque en nada les favorecia, y que no hallaban otro remedio á sus trabajos que la muerte; encarado á ellos les dijo: «pues yo os mos-
traré camino para salir de todo, si sois hombres.» Oido esto por los Legados, entrando en
grande esperanza, ruegan á Umbreno se com-
padezca de ellos, protestándole que no habrá
cosa, por ardua y difícil que sea, que no estén prontos á ejecutar con el mayor gusto, á
trueque de sacar de empeños á su ciudad.
Umbreno entónces llévalos consigo á casa de
Decio Bruto, la cual no distaba del foro, y era
sabedora de la negociacion por Sempronia,
pues Bruto se hallaba á la sazon ausente. Llama además de esto á Gabinio para dar más
autoridad á sus palabras; y en su presencia
descubre la conjuracion, nombrando á los que
la componian, y á otros muchos de varias
clases, que nada sabian de ella, á fin de animar a los Legados; y despues que hubieron
ofrecido que contribuirian á su intento, los
envió para sus casas.

Pero ellos, no obstante su promesa, duda-
ron mucho tiempo qué resolucion tomarian.
Por una parte, se hallaban oprimidos de las
deudas, lisonjeados de su natural inclinacion

á la guerra, y con esperanza de alcanzar grandes ventajas, si vencian. Por otra, veian un partido más fuerte, mayor seguridad en abrazarle, y recompensas ciertas en lugar de inciertas esperanzas. Pesadas por los Legados estas cosas, cayó al fin la balanza á favor de la República. Vánse, pues, á Quinto Fabio Sanga, que era patrono de su ciudad y la favorecia mucho, y descúbrenle cuanto sabian. Ciceron, que entendió por medio de Sanga lo que le pasaba, manda á los Legados que afecten desear con grande ánsia la conjuracion: visiten á los demas cómplices; se lo faciliten todo, y procuren que se abran y declaren con ellos lo más que sea posible.

Casi por el mismo tiempo hubo alborotos en la citerior y ulterior Galia, y tambien en la campaña del Piceno, en el Abruzo, y en la Pulla: porque los que Catilina habia anticipadamente enviado á aquellas partes, sin acuerdo ni reflexion alguna, y como gente desatinada, todo lo querian hacer á un tiempo; y juntándose por las noches, transportando de una á otra parte armas, acelerándose, y moviéndolo todo, habian ocasionado más miedo que peligro. Ya á muchos de ellos habia el pretor Quinto Metelo Celer puesto en la cárcel, despues de procesados de órden del Senado; y lo mismo habia ejecutado en la citerior Galia Cayo Murena, que gobernaba aquella provincia en calidad de Legado.

Pero en Roma, Léntulo y los demas cabezas de la conjuracion, pareciéndoles que tenian bastante gente á punto, habian resuelto que luego que llegase Catilina con su ejército á la campaña de Fésulas, Lucio Bestia, Tribuno de la plebe, se querellase en una arenga al Pueblo de la conducta de Ciceron, atribuyendo á este insigne Cónsul la culpa de tan funesta guerra; y que esa arenga sirviese de señal para que en la siguiente noche el resto de la muchedumbre conjurada ejecutase cada uno lo que se habia puesto á su cargo. Era, segun decian, el proyecto, que Statilio y Gabinio con buen trozo de gente pegasen á un mismo tiempo fuego á la ciudad por doce partes, las más acomodadas á su intento, que era facilitar, al favor de este alboroto, la entrada para el Cónsul y para los demas á quienes querian asesinar: que Cetego se apostase á las puertas de la casa de Ciceron y le acometiese abiertamente, y los demas cada uno al suyo: que los hijos de familias, que por la mayor parte eran del cuerpo de la nobleza, matasen á sus padres; y dejando á la ciudad envuelta en muertes é incendios, saliesen á unirse con Catilina. Miéntras esto se resolvió y dispuso, no cesaba Cetego de echar en rostro á sus compañeros su cobardía, diciéndoles que con su irresolucion y largas desaprcvechaban las mejores ocasiones: que en un peligro como aquel, no era menester consejo, sino manos: que él mismo asaltaria la corte con pocos que le ayudasen, pues los demas andaban tan remisos. Como era de natural fiero y ardiente, y por otra parte hombre de gran valor, creia que todo el buen éxito consistia en la brevedad.

Pero los Alóbroges, segun la instruccion que Ciceron les habia dado, se vieron por medio de Gabinio con los demas conjurados, y pidieron á Léntulo, Cetego, Statilio y Casio su juramento firmado, para poderle llevar á sus conciudadanos: pues de otra suerte, decian, no sería fácil que quisiesen entrar en un negocio de tanta entidad. Los tres primeros danle sin la menor sospecha; Casio ofrece volver allí dentro de poco, y pártese de Roma algo ántes que los Legados. A éstos quiso Léntulo que acompañase un cierto Tito Volturcio Crotoniense, para que de camino á su casa se viese con Catilina y ratificasen el tratado, dándose mutuamente su palabra y seguridad. Entregó además de esto á Volturcio una carta para Catilina del tenor siguiente:

«Cúya esta sea, te lo dirá el dador. Mira »bien el apuro en que estás, y piensa como »hombre. Atiende á lo que tu situacion pide, »y valte de todos, áun de los más despre- »ciables.»

Encargóle además de esto, de palabra, que le dijese: «en qué se fundaba para no admi- »tir á los siervos, una vez que el Senado le »habia declarado ya por enemigo. Que en »Roma estaba pronto cuanto habia manda- »do; y que no difiriese un momento el acer- »carse.»

Hecho así esto, y determinada la noche en que habian de partir, Ciceron, instruido de todo por los Legados, da órden á los Pretores Lucio Valerio Flaco y Cayo Pomtino, que emboscados en el puente Milvio arresten la comitiva de los Alóbroges. Díceles por lo claro el fin por que los envia, y que en lo demas obren segun convenga. Ellos, como gente militar que era, apostando sin ruido alguno sus patrullas, cercan ocultamente el puente, segun se les habia mandado. Cuando

los Legados llegaron con Volturcio á aquel
sitio, levántase á un mismo tiempo el grito
de ambas partes. Los Galos, que conocieron
luégo lo que era, se entregan al instante á
los Pretores. Volturcio al principio, animando
á los demas, se hace con su espada lugar entre la muchedumbre; pero viéndose abandonado de los Legados, despues de haber ro-
gado mucho á Pomtino, cuyo conocido era,
que le salvase la vida, temeroso y desconfiado
de alcanzarla, se rinde al fin á los Pretores,
no de otra suerte que si fueran enemigos.

Dáse inmediatamente aviso de lo ejecutado al Cónsul, el cual se vió á un mismo tiempo
entre una alegría y un cuidado sumo. Ale-
grábase al ver que, descubierta la conjuracion, quedaba la ciudad libre de peligro;
pero le aquejaba la duda de lo que convendria
hacer, siendo comprehendidos en tan atroz
delito tantos y tan esclarecidos ciudadanos.
Echaba de ver que el castigarlos redundaria
en su daño, y el disimular sería la ruina de
la República. Pero al fin, cobrando ánimo,
manda comparecer ante sí á Lentulo, á Cetego, á Statilio y Gabinio; y asimismo á Cepario, natural de Terracina, el cual se disponia para pasar á la Pulla á sublevar los

esclavos. Todos acuden sin tardanza, ménos
Cepario, que habiendo poco ántes de avisarle
salido de casa, y sabido que habian sido des-
cubiertos, se escapó de la ciudad. El Cónsul,
tomando por la mano á Lentulo (por hallarse
á la sazon pretor) le lleva por sí mismo al
templo de la Concordia, para donde habia
convocado al Senado; y manda que los demas
sean conducidos con guardas al mismo sitio.
Allí en presencia de gran número de Senadores introduce á Volturcio y á los Legados;
y manda al Pretor Flaco presentar la balija
y cartas que habian sido interceptadas.

Volturcio, preguntado «acerca de su viaje
»y de las cartas, y últimamente del designio
»que llevaba, y lo que le habia movido á
»ello», al principio tiró á embrollarlo fingiendo cosas muy distantes, y haciéndose el
desentendido de la conjuracion; pero luego
que se le mandó responder bajo el seguro de
la fe pública, decláralo todo segun habia pasado; y añade «que él pocos dias ántes habia
»tomado aquel partido á solicitud de Gabinio
»y Cepario, y que nada sabía más que los
»Legados: solo, sí, que habia varias veces
»oido á Gabinio, que en este concierto entra-
»ban Publio Autronio, Servio Sila, Lucio Var-

»gunteyo, y otros muchos.» Lo mismo declaran los Legados. Pero no contestando Lentulo, fué reconvenido con su carta y sus conversaciones en que decia frecuentemente: «que los libros de las Sibilas pronosticaban »el reino de Roma á tres de la familia Cor-»nelia: que los dos habian sido Cina y Sila, »y él era el tercero, á quien la suerte daba »que habia de apoderarse de la ciudad: y »además de esto, que aquel era el año veinte »de la quema del capitolio; año que los adi-»vinos, en vista de algunos prodigios, habian »muchas veces dicho en sus respuestas, que »sería sangriento por guerras civiles.» Leida, pues, la carta, y reconocidas por todos sus firmas, mandó el Senado «que así Lentulo »(degradado ántes de su empleo), como los »demas cómplices, se asegurasen sin apre-»mio alguno en casas particulares.» Lentulo fué dado en guarda á Publio Lentulo Spinter, que era á la sazon Edil, Cetego á Quinto Cornificio, Statilio á Cayo César, Gabinio á Marco Craso, Cepario (á quien alcanzaron en su fuga, y le habian traido poco ántes) á Cneo Terencio, Senador.

Entretanto la plebe, que con el deseo de novedades habia fomentado tanto la guerra

civil en los principios, trocada enteramente,
luego que se descubrió la conjuracion, detes-
taba el designio de Catilina, ponia á Ciceron
en las nubes, y como que se habia librado
de una inminente esclavitud, se ocupaba en
regocijos y alegrías. Porque al pronto creyó
que cualquier otro desórden de los que trae
consigo la guerra civil, más que daño, podria ocasionarla algun pillaje; pero el incendio desde luego vió ser cosa atroz y enorme, y que habia de serla muy funesto; pues
todos sus haberes consistian en lo que con-
sumia diariamente la ciudad en el sustento
y la decencia. El dia siguiente fué llevado al
Senado cierto Lucio Tarquinio, el cual decian que yendo á encontrar á Catilina habia
sido cogido en el camino. Este ofreció que
descubriria la conjuracion, con tal que se le
indultase; y siendo mandado por el Cónsul
declarar lo que supiese, dijo al Senado casi
lo mismo que Volturcio, de las disposiciones
tomadas para quemar la ciudad y matar á
los fieles á la República, y de la venida de
los enemigos; añadiendo «que le habia en-
»viado Marco Craso para decir á Catilina que
»no le acobardase la prision de Lentulo, Ce-
»tego y otros conjurados, y que por lo mis-

»mo se diese más prisa en acercarse á Roma, »para sacarlos cuanto ántes del peligro, »y animar á los demas.» Cuando oyeron nombrar á Craso, sujeto noble, riquísimo, y de suma autoridad, unos teniéndolo por cosa increible, otros, bien que lo creyesen, considerando que en un tiempo como aquel convenia más templar que irritar á un hombre tan poderoso, y los más de ellos por particulares obligaciones que á Craso debian, claman á una voz «que es falsa la declaracion »de Tarquinio;» y piden que se vuelva á tratar de ello en el Senado. Propónelo de nuevo Ciceron; y resuélvese á pluralidad de votos «que la noticia es falsa, y que Tarquinio se »mantenga preso hasta declarar por suges- »tion de quién ha fabricado tan enorme ca- »lumnia.» No faltó en aquel tiempo quien sospechase que Publio Autronio habia sido el inventor de aquella máquina, con el fin de que el nombre y poder de Craso, y el riesgo que igualmente correria su persona, pusiese más fácilmente á cubierto á los demas. Otros decian que Tarquinio era un echadizo de Ciceron, por miedo de que Craso alborotase la República, tomando á su cargo la proteccion de los malvados, segun tenía de costumbre.

Yo mismo oí despues á Craso decir públicamente que Ciceron era quien le habia puesto
tan afrentosa nota.

Pero esto se aviene mal con que en el
mismo tiempo ni Quinto Catulo, ni Cayo Pison pudieron conseguir de él, por amistad,
por ruegos ni dinero, que los Alóbroges ú
otro delator nombrasen calumniosamente á
Cayo César, de quien ambos eran mortales
enemigos: Pison, porque César le habia con-
vencido en juicio de haber por cohechos sentenciado injustamente á muerte á cierto
Transpadano; Catulo, porque siendo de avanzada edad, y habiendo obtenido los primeros
empleos, no podia sufrir que en competencia
suya se hubiese dado el Pontificado á César,
que era aún mozo. Y la ocasion no podia ser
mejor para autorizar la calumnia: porque
César, por su insigne liberalidad con sus amigos, y por los espectáculos magníficos que
habia dado al Pueblo, se hallaba sumamente
adeudado. Pero al fin, desengañados de que
no podian inducir al Cónsul á tan gran maldad, ellos por sí mismos (hablando á unos y
á otros, y fingiendo cosas que decian haber
oido á Volturcio y á los Alóbroges) concilia-
ron á César tan grande aborrecimiento, que

algunos caballeros romanos, de los que guardaban armados el templo de la Concordia, dejándose llevar de lo grande del peligro ó del impulso de su generosidad, para acreditar más su amor á la República, le pusieron al pecho las espadas al tiempo que salia del Senado.

Miéntras en él se trataban estas cosas, y se acordaba la recompensa que debia darse á los Legados de los Alóbroges, y á Tito Volturcio, por haberse hallado ciertas sus declaraciones; los libertos y algunos ahijados de Lentulo andaban cada uno por su lado solicitando por las calles á los artesanos y á los siervos, para libertarle: otros hacian por ganar á los capataces de ciertas cuadrillas de gente agavillada, que solia alquilarse para inquietar á la República. Cetego, por su parte, rogaba por medio de emisarios, á sus familiares y libertos, gente escogida y abonada para cualquier arrojo, que hechos un peloton penetrasen con sus armas hasta donde él estaba. El Cónsul, que entendió lo que se iba preparando, dispone su gente segun el tiempo y caso pedian, junta Senado, y propone en él: *qué les parecia se hiciese de los que estaban presos?* Ya poco ántes la mayor parte de los votos los habia declarado *traidores á la República*. Decio Junio Silano, que por hallarse designado Cónsul fué preguntado el primero, votó por entónces: que debian condenarse á muerte; y no sólo ellos, sino tambien Lucio Casio, Publio Furio, Publio Umbreno, y Quinto Anio, si pudiesen ser habidos. Pero despues, haciéndole fuerza el razonamiento de Cayo César, dijo se conformaria con el dictámen de Tiberio Neron, que era, que se volviese á tratar el punto, y entre tanto se doblasen las guardas. César, cuando le llegó su vez, siendo preguntado por el Cónsul, habló de esta suerte:

«Padres Conscriptos: Los que han de dar »dictámen en negocios graves y dudosos, »deben estar desnudos de odio, de amistad, »de ira y compasion. No es fácil que el áni- »mo descubra entre estos estorbos la verdad; »ni nadie acertó jamás, siguiendo su capri- »cho. Prevalece el ánimo, cuando se aplica »libremente: si nos preocupa la pasion, ella »domina, el ánimo nada puede. Gran copia »de ejemplares pudiera yo traer, Padres »Conscriptos, de reyes y repúblicas que, »por dejarse llevar de la compasion ó del »enojo, tomaron resoluciones muy erradas;

»pero más quiero acordaros lo que nuestros
»mayores, sábiamente y con grande acierto,
»ejecutaron en varias ocasiones, contra lo
»que les dictaba su pasion. En la guerra de
»Macedonia, que tuvimos con el rey Perseo,
»la ciudad de Rodas, grande y opulenta, que
»debia sus aumentos al favor del Pueblo ro-
»mano, nos fué desleal y contraria; pero des-
»pues que, concluida la guerra, se trató qué
»deberia hacerse de los Rodios, pareció á
»nuestros mayores dejarlos sin castigo, por-
»que no se dijese que sus riquezas, más que
»la injuria, nos habian hecho tomar las ar-
»mas. Asimismo en las tres guerras Púnicas,
»habiendo los Cartagineses en tiempo de paz
»y treguas hecho muchas veces cosas indig-
»nas de contarse, jamás los nuestros, áun
»brindados de la ocasion, quisieron imitarlos;
»porque no miraban tanto á lo que podian
»justamente hacer, como á lo que correspon-
»dia á su decoro. Pues esto, esto mismo de-
»beis vosotros, Padres Conscriptos, mirar
»atentamente: no sea que la maldad de Pu-
»blio Lentulo y de los demas reos se haga
»más lugar en vuestros ánimos que vuestra
»dignidad; ni tireis más á desahogar la ira,
»que á mantener la reputacion de vuestro

»nombre. Porque si en la realidad se hallase
»castigo correspondiente á su delito, me alla-
»no desde luego á la novedad que se pro-
»pone; pero si excede su maldad á cuanto
»pueda discurrirse, ¿á qué fin apartarnos de
»lo que tienen establecido nuestras leyes?
»Los más de los que han votado hasta ahora,
»se han lastimado con grande afectacion y
»pompa de palabras de la desgracia que
»amenaza á la República, contándonos me-
»nudamente cuán cruel guerra sería ésta, y
»cuántas las calamidades de los vencidos: que
»serian robadas las doncellas y los niños:
»arrancados los hijos del regazo de sus ma-
»dres: las matronas expuestas al desenfreno
»de los vencedores: los templos y las casas
»saqueadas: que no habria sino muertes é in-
»cendios; y, últimamente, que se llenaria
»todo de armas, de cadáveres, de sangre y
»de lamentos. Pero, por los Dioses inmortales,
»¿á qué propósito esto? ¿Acaso para irritaros
»contra la conjuracion? Por cierto, que harán
»gran fuerza las palabras á quien no la hi-
»ciese la realidad de un hecho tan atroz. No
»es esto, pues; sino que á nadie parecen pe-
»queñas sus injurias, y que muchos las lle-
»van más allá de lo justo. Pero no todo, Pa-

»dres Conscriptos, es permitido á todos. Los
»que viven una vida privada y oscura, si al-
»guna vez se arrebatan de la ira, lo saben
»pocos, ellos y sus cosas se ignoran igual-
»mente; pero á los que obtienen el mando, y
»están en grande altura, nadie hay que no
»les observe hasta los hechos más menudos;
»y así en la mayor fortuna, hay ménos liber-
»tad de obrar. Ni apasionarse, ni aborrecer
»pueden; pero mucho ménos airarse: porque
»lo que en particular sería ira, en ellos se
»tiene por soberbia y crueldad. Yo, pues, co-
»nozco bien, Padres Conscriptos, que en la
»realidad no hay castigo que iguale á sus
»maldades; pero las gentes, por lo comun, se
»acuerdan sólo de lo último que vieron; y ol-
»vidándose del delito de los malhechores,
»murmuran de la pena, si es algun tanto ri-
»gurosa. Cuanto ha dicho Decio Sílano,
»varon de esfuerzo y entereza, me consta
»haberlo dicho por el bien de la República;
»y que no es capaz de obrar en un negocio
»tan grave por enemistad ó por favor: tales
»son sus costumbres, tal su moderacion, que
»conozco á fondo; pero su dictámen me pa-
»rece, no digo cruel (porque contra hombres
»tales, ¿qué habrá que pueda serlo?), sino

»ajeno del espíritu de nuestra República.
»Porque á la verdad, oh Silano, sólo el miedo
»ó la pública vindicta te han podido inducir,
»hallándote Cónsul designado, á establecer
»un género de castigo desconocido en nues-
»tras leyes. Del miedo es ocioso hablar, ha-
»biendo tanta gente en armas por la opor-
»tuna providencia de nuestro insigne Cón-
»sul. En cuanto al castigo, pudiera yo decir
»lo que hay en ello: que para los infelices la
»muerte, léjos de ser pena, es descanso de
»sus trabajos; que con ella espiran los males
»todos, y que despues no queda ya lugar al
»gozo ni al cuidado. Pero, por los Dioses in-
»mortales, ¿por qué no añadiste á tu voto,
»que ántes de darles muerte fuesen azotados?
»¿Acaso porque lo prohibe la ley Porcia?
»Pues no ménos prohiben otras leyes que
»á los ciudadanos romanos, áun despues de
»condenados, se les quite la vida; permitién-
»doles que salgan desterrados. ¿Acaso por
»parecerte los azotes pena más dura que la
»muerte? ¿Qué pena habrá, pregunto, que
»pueda llamarse cruel, ó demasiadamente
»dura, contra hombres convencidos de un
»crímen tan enorme? Si al contrario, ¿por
»que es pena más leve? Mal se aviene que la

»ley se observe en lo que es ménos, y que en
»lo principal se traspase y atropelle. ¿Pero
»quién podrá reprehender, me dirás tú, cual-
»quiera resolucion que se tomare contra unos
»parricidas de la República? ¿Quién? el tiem-
»po, el dia de mañana, la fortuna, que go-
»bierna los acaecimientos humanos por su
»antojo. A ellos por mucho que se les casti-
»gue, se lo tendrán bien merecido; pero vos-
»otros, Padres Conscriptos, mirad lo que al
»mismo tiempo vais á resolver contra los de-
»mas. Cuantos abusos vemos, tuvieron buen
»principio; pero si viene á caer el mando en
»manos de ignorantes ó malvados, el nuevo
»ejemplar que se hizo con los merecedores y
»dignos de castigo, se extiende á los que no
»lo son. Los Lacedemonios, despues de haber
»vencidc á los de Atenas, les pusieron treinta
»sujetos que gobernasen su República. Estos
»en los principios á cualquiera que veian
»pernicioso y malquisto, lo sentenciaban á
»muerte sin hacerle causa; de lo que el Pue-
»blo se alegraba, y decia que era muy bien
»hecho; pero despues que poco á poco fué
»esta libertad tomando ensanches, mataban
»indistintamente á buenos y malos por su
»antojo, llenando de terror á los demas. De

»esta suerte la ciudad, esclava y oprimida,
»pagó muy bien la pena de su necia alegría.
»Cuando en nuestros dias Sila, dueño ya de
»todo, mandó matar á Damasipo, y á otros
»tales que se habian engrandecido á costa de
»la República, ¿quién hubo que no lo cele-
»brase? Decian todos que se lo tenian bien
»merecido unos hombres turbulentos y mal-
»vados, que habian inquietado á la Repú-
»blica con sediciones y tumultos. Pero esto
»fué orígen de gran calamidad: porque des-
»pues, lo mismo era codiciar alguno la casa
»ó heredad; no aún tanto, la alhaja ó el ves-
»tido ajeno, que procurar se desterrase á su
»dueño. De esta suerte los mismos que en la
»muerte de Damasipo se habian alegrado,
»poco despues eran arrastrados al suplicio:
»ni cesó la carnicería, hasta que Sila llenó de
»riquezas á los suyos. No es decir que yo
»tema esto siendo Marco Tulio Cónsul, ó en
»nuestros tiempos; pero como en una ciudad
»grande, cual esta es, hay muchos y muy
»diversos modos de pensar, puede otro dia,
»puede en el consulado de otro que tenga
»tambien ejército á su mando, adoptarse al-
»guna siniestra idea por verdad. Si entónces,
»pues, el Cónsul, autorizado con este ejem-

»plar y con un decreto del Senado, llegase
»á desenvainar la espada, ¿quién habrá que
»le contenga ó le ponga coto? Nuestros ma-
»yores, Padres Conscriptos, nunca estuvieron
»faltos de prudencia ni valor; pero no se des-
»deñaban por eso de imitar lo que les pare-
»cia bien en las leyes y gobierno de otros
»pueblos. La armadura militar y las lanzas
»las tomaron en la mayor parte de los Sam-
»nites; las insignias de los magistrados, de
»los Etruscos; y, en una palabra, cuanto en
»cualquiera parte, fuese entre confederados
»ó enemigos, encontraban útil, todo lo tras-
»ladaban con el mayor cuidado á su Repú-
»blica; queriendo más parecerse, que des-
»preciar á los buenos. Esto hizo tambien que
»adoptasen por el mismo tiempo la costum-
»bre de Grecia, castigando con azotes á los
»ciudadanos; y una vez condenados, con el
»último suplicio. Pero despues que fué cre-
»ciendo la República, y con la muchedumbre
»de ciudadanos se engrosaron los partidos,
»caian en el lazo los que no tenian culpa, y
»se hacian muchas tropelías. Para atajarlas
»se suplicó entónces la ley Porcia y otras, en
»que se permite á los reos que salgan dester-
»rados. Esta razon, Padres Conscriptos, es en

»mi juicio de grandísimo peso para que no
»se haga novedad. Sin duda los que de tan
»cortos principios tanto engrandecieron el
»Imperio, tendrian más caudal de valor y sa-
»biduría que nosotros, que apénas sabemos
»conservar lo que ellos tan justamente ad-
»quirieron. ¿Pero qué? ¿Pensais por esto que
»juzgo que se les suelte, y que se aumente
»con ellos el ejército de Catilina? De nin-
»gun modo; sino que sus bienes se confisquen,
»sus personas se repartan y aseguren en las
»cárceles de aquellos municipios que son
»más fuertes y poderosos; que nadie propon-
»ga al Senado, ni trate con el Pueblo acerca
»de ellos, y si de hecho alguno lo intentare,
»que el Senado desde luégo le declare por
»enemigo del bien comun y de la República.»

Habiendo César acabado de decir, los Senadores, de palabra y de otros modos, aprobaban entre sí su parecer. Pero Marco Porcio
Caton, siéndole pedido su dictámen, habló de
esta suerte:

«Muy de otro modo pienso yo, Padres Cons-
»criptos, cuando considero nuestra situacion
»y los peligros que nos cercan, y especial-
»mente cuando reflexiono los votos que acabo
»de oir á algunos. Estos, á mi entender, no

»han tratado sino del castigo de los que han
»intentado la guerra contra su patria, sus pa-
»dres, sus aras y sus hogares; pero el caso,
»más que consultas sobre la pena de los reos,
»pide que pensemos el modo de precavernos
»de ellos. Porque otros delitos no se castigan
»hasta despues de ejecutados, éste, si no se
»ataja en los principios, una vez que suceda,
»no hay á donde apelar: perdida la ciudad,
»ningun recurso queda á los vencidos. Pero,
»por los Dioses inmortales, con vosotros hablo
»que habeis siempre tenido en más que á la
»República vuestras casas, heredades, esta-
»tuas y pinturas; si quereis mantener tales
»cuales son estas cosas, á que tan asidos vi-
»vís; si quereis gozar tranquilamente de vues-
»tros deleites, despertad una vez, y atended
»á la defensa de la República. No se trata por
»cierto ahora de tributos, ni de vengar inju-
»rias hechas á nuestros confederados: trátase
»de nuestra libertad y nuestra vida, que están
»á canto de perderse. Muchas veces, Padres
»Conscriptos, he hablado, y largamente, en
»este sitio; muchas he declamado contra el
»lujo y la avaricia de nuestros ciudadanos,
»con lo que me he granjeado hartos desafec-
»tos. Como ni á mí mismo me hubiera yo per-

»donado en caso de haber cometido ó inten-
»tado algun exceso, tampoco me acomodaba
»fácilmente á disculpar los ajenos, atribu-
»yéndolos á la ligereza de sus autores. Y aun-
»que vosotros ningun caso haciais de mis pa-
»labras, la República se mantenia firme; su
»opulencia sobrellevaba este descuido. Pero
»hoy no se trata de reforma de costumbres,
»ni de los límites ó de la magnificencia
»del Imperio romano, sino si todas estas co-
»sas, sean en vuestro aprecio cuales fueren,
»han de permanecer nuestras, ó pasar, jun-
»tamente con nosotros, á poder de los enemi-
»gos. ¿Y hay, á vista de esto, quien tenga
»aliento para tomar en boca la mansedumbre
»y la piedad? Há mucho que se han perdido
»en Roma los verdaderos nombres de las co-
»sas, porque el derramar lo ajeno se llama
»liberalidad; el arrojarse á insultos y malda-
»des, fortaleza: á tal extremo ha llegado la
»República. Sean, pues, en hora buena libe-
»rales (ya que así lo llevan las costumbres)
»con la hacienda de los confederados, no con
»nuestra sangre. Sean piadosos con los ladro-
»nes del Erario; pero por salvar la vida á cua-
»tro malhechores, no quieran arruinar al resto
»de los buenos. Poco ántes Cayo César habló

»en este lugar con gran delicadeza y artificio
»de la vida y de la muerte, teniendo, á lo que
»parece, por falso lo que nos cuentan del in-
»fierno, es á saber, que los malos, por dife-
»rente rumbo que los buenos, son destinados
»á unos lugares tristes, incultos, horribles y
»espantosos; y conforme á esto, concluyó di-
»ciendo que *se les confisquen las haciendas, y*
»*sus personas se repartan por las cárceles de los*
»*municipios;* no sea que si quedan en Roma
»los cómplices de la conjuracion, el popula-
»cho ganado por dinero los saque por fuerza
»de la prision: como si sólo hubiese gente
»malvada en Roma, y no sucediera lo mismo
»en toda Italia, ó no fuese más de temer una
»violencia donde hay menores fuerzas para
»oponerse á ella. Por cuya razon es poco sano
»este consejo, si César recela algo de parte de
»los conjurados; pero si sólo él deja de temer
»cuando están todos tan poseidos del terror,
»tanto más conviene que yo tema; y no sólo
»por mí, sino por vosotros. Tened, pues, por
»cierto que lo que resolviéreis contra Publio
»Lentulo y los demas reos, lo resolveis al
»mismo tiempo contra el ejército entero de
»Catilina y contra los conjurados; que cuanto
»con más calor y aplicacion trateis este nego-

»cio, tanto decaerán ellos de ánimo; y que por
»poco que vean que aflojais, os insultarán con
»más orgullo. No juzgueis que nuestros ma-
»yores engrandecieron con las armas su pe-
»queña República. Si fuese así, mucho más
»floreciente estuviera ahora, que tenemos
»más ciudadanos y aliados; y además de esto,
»más copia de armas y caballos que tuvieron
»ellos. Otras cosas los hicieron grandes, de
»que nosotros enteramente carecemos; es, á
»saber, en la paz la aplicacion á los negocios;
»en tiempo de guerra el gobierno templado y
»justo, la libertad en dar dictámenes sin
»miedo ni pasion. En lugar de esto, reina en
»nosotros el lujo y la avaricia: el público
»exhausto, los particulares opulentos: quere-
»mos ser ricos, y huimos el trabajo: no hay
»diferencia del bueno al malo: la ambicion
»lleva los premios debidos á la virtud. Ni
»puede ser otra cosa, puesto que en vuestras
»resoluciones nadie mira sino por sí; que en
»vuestras casas servís á los deleites y place-
»res, aquí á vuestra codicia ó al favor. De
»donde nace que desamparada la República,
»la invade cualquiera por su antojo. Pero de-
»jemos esto. Conspiraron unos ciudadanos
»principalísimos á abrasar la patria; llama-

»ron por auxiliares á los Galos, mortales ene-
»migos del nombre Romano; tenemos á su
»caudillo con un ejército sobre nosotros; ¿y
»áun ahora estais sin resolveros, dudando qué
»hareis de los enemigos cogidos dentro de
»vuestras murallas? Digo que os apiadeis de
»ellos, porque son unos jóvenes que no tie-
»nen más delito que haberse dejado llevar de
»la ambicion; y áun añado que los dejeis ir
»armados. Yo sé que esta intempestiva man-
»sedumbre y piedad, cuando otro dia tomen
»las armas, se convertirá en vuestra ruina. A
»la verdad, el apuro es grande: bien lo cono-
»ceis; pero afectais no tener miedo. Sí temeis,
»y mucho; mas por vuestra inaccion y floje-
»dad, esperándoos el uno al otro, tardais en
»resolveros, fiados, á lo que parece, en los
»Dioses inmortales, que en otras ocasiones li-
»braron á esta República de grandísimos pe-
»ligros. Tened, pues, entendido que no se
»logra el favor de los Dioses con votos ni
»plegarias de mujeres; que cuando se vela,
»se trabaja y consulta desapasionadamente,
»todo sale bien; pero si nos abandonamos á la
»pereza y desidia, es ocioso clamar á los Dio-
»ses: nos son entónces adversos y contrarios.
»En tiempo de nuestros mayores, Aulo Man-

»lio Torcuato, en la guerra que tuvimos con
»los Galos, mandó matar á un hijo suyo por
»haberse combatido con su enemigo contra
»el órden que se habia dado; y así aquel man-
»cebo ilustre pagó con su cabeza la pena de
»su valor mal contenido: ¿y vosotros os dete-
»neis en resolver contra unos cruelísimos par-
»ricidas? Haceis bien, que el resto de su vida
»disculpa esta maldad. Tened, tened, pues,
»miramiento á la dignidad de Lentulo, si le
»hubiese él jamás tenido á su honestidad, á
»su crédito, á los Dioses ó á los hombres. Per-
»donad á los pocos años de Cetego, si fuese
»esta la vez primera que hace guerra á su
»patria. ¿Y qué diré de Gabinio, Statilio y Ce-
»pario? los cuales si hubiesen alguna vez mi-
»rado á su deber, seguramente no hubieran
»pensado como pensaron contra la República.
»En conclusion, Padres Conscriptos, si un de-
»lito pudiera permitirse, os juro que dejaria
»de buena gana que os escarmentase la expe-
»riencia, puesto que no haceis caso de mis
»palabras. Pero nos hallamos sitiados por to-
»das partes. Catilina por un lado nos estrecha
»con su ejército; dentro de la ciudad y en su
»mismo seno se abrigan otros enemigos; ni
»resolverse nada, ni prevenirse puede sin que

»ellos lo sepan; por lo que importa más la »brevedad. Y así mi sentir es: que habiendo la »República llegado á un peligro extremo por »la traicion de estos malvados ciudadanos, los »cuales, por las deposiciones de Tito Voltur- »cio y de los Legados de los Alóbroges se ha- »llan convictos y confesos de haber maqui- »nado incendios, muertes y otras enormes »crueldades contra sus conciudadanos y la »patria, se les imponga el último suplicio, se- »gun la costumbre de nuestros mayores, »como á notorios reos de delitos capitales.»

Sentado Caton, los Consulares todos, y gran parte del Senado, aplauden su dictámen, poniendo su valor en las nubes; otros se reprenden entre sí su falta de resolucion; Caton es tenido por hombre ilustre y grande, y el decreto del Senado sale segun su parecer. Pero yo, habiendo leido y oido mucho de los heroicos hechos del Pueblo romano, así en paz como en las guerras que hizo por mar y tierra, tuve acaso la curiosidad de inquirir qué fué lo que principalmente pudo haber sostenido en Roma el peso de tan grandes negocios. Porque veia que el Pueblo romano habia combatido contra grandes legiones de enemigos, por lo regular con un puño de

gente; que habia hecho guerra á reyes poderosos con ejércitos pequeños; que habia asimismo experimentado varios reveses de fortuna, y que era inferior á los Griegos en
elocuencia, y á los Galos en crédito de guerreros. Y despues de mucha reflexion y exá-
men, venía á concluir que todo se debia al
gran valor de pocos ciudadanos; y que por
ellos venció la pobreza á las riquezas, y el
corto número á grandes muchedumbres. Pero
despues que la ciudad se estragó con el lujo
y la desidia, sobrellevaba aún la República
con su grandeza los vicios de sus Generales y
Magistrados, sin haber dado á luz en muchos
años, como madre ya infecunda, varon alguno de señalada virtud. No obstante esto,
hubo en mi tiempo dos, que ciertamente lo
fueron, aunque de costumbres diferentes:
Marco Caton y Cayo César; y pues nos los
presenta la ocasion, no quiero dejarla pasar
sin decir, lo mejor que sepa, el genio y calidad
de uno y otro.

Fueron, pues, éstos casi iguales en nacimiento, edad y elocuencia; iguales en grandeza de ánimo y en gloria, pero cada uno por
su rumbo. César era reputado grande por su
liberalidad y beneficios; Caton por la integri-

dad de su vida. A aquél hizo ilustre su piedad
y mansedumbre; á éste respetable su severidad. César se granjeó fama dando, socorriendo y perdonando; Caton sin dar á nadie nada.
Uno era el asilo de los miserables; otro la
ruina de los malos. De aquél se alababa la
afabilidad; de éste la constancia. En suma,
César tenía por máxima trabajar, desvelarse,
atender á los negocios de sus amigos, descuidando de los suyos; no negar cosa que fuese
razonable; para sí apetecia dilatado mando,
ejército y guerra nueva en que campease su
valor: Caton ponia su mira en la moderacion,
en el decoro, y especialmente en la entereza
de ánimo. Y así no aspiraba á ser más rico,
ni á tener más séquito que otros, sino á exce-
der al esforzado en valor, al modesto en honestidad, al virtuoso en integridad de costumbres; queria, en fin, más ser bueno que
parecerlo, con lo que cuanto ménos pretendia
gloria, tanto se la conciliaba mayor.

Abrazado, como he dicho, por el Senado el
parecer de Caton, el Cónsul, creyendo que lo
mejor sería ganar la noche, que se iba ya
acercando, no fuera que en ella ocurriese alguna novedad, manda que los Triumviros de
las causas capitales prevengan lo necesario

para la ejecucion del castigo; y apostadas las guardias en los sitios convenientes, conduce á Lentulo á la cárcel, y los Pretores ejecutan lo mismo con los otros. Hay en ella (conforme empezamos á subir, á mano izquierda) un lugar llamado Tuliano, metido como doce piés debajo de tierra, cercado por todos lados de pared, y con su bóveda de piedra encima. Su aspecto es horrible y espantoso por no habitarse, y por su oscuridad y mal olor. Metido allí Lentulo, los verdugos, segun el órden que tenian, le dieron garrote; y de esta suerte aquel varon patricio, de la ilustrísima familia de los Cornelios, que habia obtenido el consulado, tuvo un fin correspondiente á sus costumbres y á sus obras. Lo mismo se ejecutó con Cetego, Statilio, Gabinio y Cepario.

Miéntras pasaba esto en Roma, Catilina, de toda la gente que habia llevado consigo, y la que ya tenía Manlio, formó dos legiones, llenando las cohortes segun lo permitia el número; y despues, conforme fueron llegando otros á sus reales, ya fuesen voluntarios, ya de los conjurados, los habia ido distribuyendo igualmente entre ambas; de forma que en breve tiempo estuvieron completas, no teniendo al principio sino dos mil hombres;

pero de esta gente sólo una cuarta parte estaba armada segun el uso de la milicia; los demas llevaban ganchos, lanzas ó pértigas agudas, segun armó á cada uno de pronto la casualidad. Ya que se iba acercando Antonio con su ejército, Catilina andaba por los montes moviendo sus reales, unas veces hácia Roma, otras hácia la Galia, sin dar jamás lugar de pelear al enemigo, porque esperaba de dia en dia grandes socorros de gente, si en Roma los conjurados perfeccionaban su empresa. Por lo mismo persistia en no admitir á los esclavos, que en gran número concurrieron á él en los principios, ya porque confiaba mucho en las fuerzas de la conjuracion, ya porque le parecia contra su decoro dar parte á aquella gente baja y fugitiva en una causa propia de ciudadanos.

Pero cuando llegó el aviso á los reales de que en Roma se habia descubierto la conjuracion, y que habian sido castigados Lentulo, Cetego y los demas que referí ántes, escapan los más de aquellos á quienes habia atraido á la guerra la esperanza del pillaje ó el deseo de novedades; el resto sigue á grandes jornadas á Catilina por unos montes ásperos hácia el territorio Pistoriense, con ánimo de reti-

rarse por veredas ocultas á la Galia. Pero
Quinto Metelo Celer mandaba con tres legiones en la campaña del Piceno; y por el estrecho en que veia puesto á Catilina, conjeturaba
que haria lo mismo que se dijo poco ántes. Y
así luégo que entendió por los desertores á
dónde se encaminaba, mueve con gran diligencia sus reales, y apóstase á las raíces mismas de los montes por donde habia de bajar para ir á la Galia. Ni Antonio estaba léjos
de allí, dispuesto á seguir con el grueso del
ejército por la llanura á los que quisiesen ponerse en huida. Pero Catilina, cuando se vió
cerrado entre los montes y los enemigos, que
en Roma todo habia ido mal, y que no quedaba esperanza alguna de socorro, ni de ponerse en salvo; creyendo que en tal apuro lo
mejor sería aventurar una batalla, resolvió
pelear cuanto ántes con Antonio, y llamando
á su gente, les habló de esta suerte:

«Sé bien, oh soldados, que las palabras á
»nadie infunden valor; y que ningun ejér-
»cito se hizo esforzado de cobarde, ni de
»tímido animoso por las arengas de los Ge-
»nerales. El fondo de valor que tiene en sí
»cada uno por su nacimiento, ó su crianza,
»ese, y no más, se hace ver en la guerra.

»A quien ni el honor ni los peligros mueven,
»es ocioso exhortarle: el miedo le tapa los
»oidos. Os he llamado, pues, para advertiros
»ciertas cosas, y descubriros el motivo de
»mi resolucion. No ignorais, soldados, cuán
»funesta ha sido para Lentulo y dañosa para
»nosotros su flojedad y su desidia; y de qué
»suerte, por esperar los socorros de Roma,
»se me ha cortado la retirada á la Galia.
»Cuál sea ahora nuestra situacion lo sabeis
»todos no ménos que yo. Estamos entre
»dos ejércitos enemigos: uno nos cierra
»el paso para Roma, otro para la Galia.
»Mantenernos más tiempo en este sitio, aun-
»que queramos, es imposible por falta de
»víveres. Vamos adonde quiera; es preciso
»abrirnos camino con la espada. Por esto os
»ruego y amonesto que os esforceis y dis-
»pongais para la batalla; y puestos en ella,
»os acordeis que llevais en vuestras manos
»las riquezas, la honra, la gloria; y además
»de esto, vuestra libertad y vuestra patria.
»Si venciéremos, en cualquier parte estare-
»mos seguros: tendremos copia de basti-
»mentos, nos abrirán las puertas los muni-
»cipios y colonias; pero si cedemos, todo se
»volverá contra nosotros, y ni lugar ni

»amigo alguno defenderá á quien no haya
»ántes defendido sus armas. Además de
»esto, oh soldados, es muy otra nuestra pre-
»cision, que la de los enemigos. Nosotros
»peleamos por la patria, por la libertad y
»por la vida; á ellos nada les importa sacri-
»ficarse por el poder de algunos pocos. Por
»eso debeis acometerlos con más brío, tra-
»yendo á la memoria vuestro antiguo valor.
»En vuestra mano estuvo pasar la vida
»afrentosamente en un destierro; y áun pu-
»disteis algunos, despues de haber perdido
»las haciendas, quedar en Roma, atenidos á
»la merced ajena. Porque uno y otro os pa-
»reció cosa indigna é intolerable á gente
»honrada, os habeis metido en este empeño.
»Para salir, pues, de él, es menester valor.
»Nadie trueca la guerra por la paz, sino el
»que vence; y esperar salvarse con la fuga,
»sin oponer al enemigo las armas con que
»el cuerpo se defiende, es locura declarada.
»Siempre en la guerra peligran más los que
»más temen: por el contrario, el valor sirve
»de muralla. Cuando pienso, oh soldados,
»quiénes sois, y considero vuestras hazañas,
»entro en gran confianza de la victoria.
»Vuestro brío, vuestra edad, vuestro valor

»me alientan mucho; y tambien la necesi-
»dad en que nos hallamos, la cual da es-
»fuerzo áun á los cobardes; y más no pu-
»diendo el enemigo cercarnos con su mu-
»chedumbre, por la estrechez del sitio. Pero
»si la fortuna fuese contraria á vuestro
»valor, procurad no morir sin vender caras
»vuestras vidas; y no querais más que os
»degüellen despues de haberos preso y atado
»como ovejas, que dejar al enemigo en las
»manos una sangrienta y dolorosa victoria,
»peleando como varones esforzados.»

Dicho esto, detúvose un poco: luégo manda
dar la señal, y conduce á un lugar llano la
gente puesta en órden. Despues, haciendo
retirar todos los caballos, á fin de que los
soldados, viendo el peligro igual, se esforza-
sen más, él mismo á pié escuadrona el ejército, segun lo permitian el lugar y el número; porque conforme se extendia la llanura
entre los montes que tenía á su izquierda, y
un gran risco que habia á la derecha, colocó
ocho cohortes de frente, poniendo las demas
compañías algo más apiñadas en el cuerpo
de reserva, del cual entresacó á todos los
centuriones, á los veteranos voluntarios, y
á cuantos entre los soldados rasos veia bien

armados, pasándolos á las primeras filas. Manda asimismo que Cayo Manlio cuide de la ala derecha, y cierto Fesulano de la izquierda; quedándose él con sus libertos y colonos cerca de la águila ó bandera, que decian ser la misma que tuvo en su ejército Cayo Mario en la guerra con los Cimbros. Por su parte, Cayo Antonio, hallándose enfermo de la gota, y no pudiendo asistir á la batalla, entregó el mando del ejército á Marco Petreyo, su Legado. Éste pone en la frente las cohortes veteranas, que habia vuelto á alistar por causa de esta guerra: detras de ellas coloca el resto del ejército para el socorro; y girando á caballo por las filas, nombra á cada uno de los soldados por su nombre, y los exhorta y ruega que miren que van á pelear con unos ladrones desarmados, por la patria, por sus hijos, por sus aras y sus hogares. Como era hombre de guerra, que treinta y más años que militaba con gran crédito, y habia sido Tribuno, Prefecto, Legado y Pretor en el ejército, conocia á los más de ellos, y sabía sus particulares hazañas; y con traérselas á la memoria inflamaba los ánimos de los soldados.

Pero despues que reconocido todo, mandó

Petreyo dar la señal con las trompetas, dispone que las cohortes se vayan poco á poco adelantando. Lo mismo hace el ejército enemigo. Ya que llegaron á tiro los Ferentarios, trábase la batalla con grandísima vocería, dejan las armas arrojadizas, y viénese á la espada. Los veteranos, acordándose de su valor antiguo, estrechan de cerca á los enemigos. Estos resisten con igual valor, y así se pelea con grandísimo empeño de ambas partes. Entretanto, Catilina con los más desembarazados andaba en el primer escuadron, socorriendo á los que lo necesitaban, substituyendo sanos en lugar de heridos, acudiendo á todo, peleando mucho por sí mismo, é hiriendo frecuentemente al enemigo. En suma, hacía á un mismo tiempo los oficios de buen General y de soldado valeroso. Cuando Petreyo, al reves de lo que tenía creido, vió que Catilina resistia con tanto esfuerzo, hace que la cohorte Pretoria rompa por medio de los enemigos: con lo que, desordenándolos, mata á cuantos le hacian frente, y acomete despues por ambas partes á los de los lados. Manlio y el Fesulano caen peleando entre los primeros. Catilina, luego que vió deshecho su ejército,

y que le habian dejado con muy pocos;
acordándose de su nobleza, y de su antiguo
estado, métese por lo más espeso de los enemigos, donde peleando cayó atravesado de
heridas.

Acabada la batalla, se echó de ver cuánta
determinacion y esfuerzo habia en el ejército
de Catilina: porque casi el mismo sitio que
cada soldado ocupó al darse la batalla, cu-
bria despues con su cadáver; solo aquellos
pocos á quienes desordenó la cohorte Pretoria, rompiendo por medio de ellos, muriéron
algo separados; pero todos haciendo cara al
enemigo. Catilina fué hallado entre los
muertos, léjos de los suyos, que áun respi-
raba y mantenia en su rostro aquella fiereza
que habia tenido vivo. Ultimamente, de todo
aquel ejército ni en la batalla ni en el alcance
se hizo siquiera un ciudadano prisionero: de
tal suerte habian todos mirado tan poco por
sus vidas, como por las de sus enemigos. Ni
la victoria fué para el ejército del Pueblo romano alegre ó poco costosa: porque los más
valerosos, ó habian muerto en la batalla, ó
habian sido gravemente heridos: y muchos
que salieron de los reales por curiosidad, ó
por despojar á los enemigos, se encontraban

entre los cadáveres, unos con el amigo, otros con el huésped ó el pariente; y hubo algunos que áun á sus enemigos conocieron. De esta suerte la alegría y la tristeza, el gozo y los llantos iban alternando por todo el ejército.

LAS DOS CARTAS
DE SALUSTIO Á C. CÉSAR

SOBRE EL ARREGLO DE LA REPÚBLICA.

CARTA PRIMERA.

No ignoro cuán difícil y arriesgado es dar consejos á un rey, á un general, igualmente que á todo hombre poderoso, ya porque abundan de personas á quienes consultar, ya porque á vista de lo por venir ninguno está dotado de bastante penetracion y prudencia. Y no pocas veces sucede que los malos consejos salen mejor que los buenos; porque la mayor parte de los acaecimientos están sujetos al capricho de la fortuna. Pero desde mi primera juventud anhelé por servir á la República, haciendo sobre ella un estudio serio y prolijo, no solamente con la mira de llegar á la magistratura, que muchos han conseguido por medios ilícitos, sino tambien para adquirir un conocimiento completo de la situacion del Estado en paz y en guerra, y del poder que le dan sus armas, sus ejércitos y sus riquezas. Y así, despues de revolver en mi interior una infinidad de ideas, tomé el partido de sacrificar á tu dignidad mi reputacion y modestia, aventurándolo todo á fin de contribuir en algo á tu gloria. Ni he formado esta resolucion sin madurez, ó únicamente por razon de tu fortuna, sino porque entre las bellas cualidades que te adornan, he descubierto una digna de la mayor admiracion, es á saber, una grandeza de alma más elevada en los reveses que en la prosperidad. Y pongo á los Dioses inmortales por testigos; que ántes se han cansado los hombres de loar y de admirar tu generosidad, que tú de hacer acciones gloriosas.

A la verdad, estoy persuadido de que ninguna cosa se puede imaginar tan profunda que no comprehendas inmediatamente. Si yo te comunico por escrito mi modo de pensar acerca de la República, no es ciertamente porque dé un valor excesivo á mis consejos y talento, sino porque hallándote distraido con la fatiga de la guerra, con los combates, las victorias y el mando, me ha parecido conve-

niente darte cuenta de lo que pasa en la
ciudad. Pues si tus miras se dirigen únicamente á substraerte del furor de los enemigos, y á conservar los favores del Pueblo en
medio de la oposicion que te hace el Cónsul
contrario, son ciertamente indignas de tu
mérito. Pero si permanece aún en sí aquel
vigor que desde el principio desconcertó la
faccion de los nobles; que aseguró al Pueblo
romano su libertad, rompiendo las cadenas
de la esclavitud; que durante tu pretura der-
ribó, sin recurrir á las armas, las de tus enemigos; que en paz y en guerra te guió á
tantas y tan insignes proezas que tus enemigos no se atreven á quejarse sino de tu mag-
nanimidad, admite benigno lo que voy á decirte acerca de los intereses de la República;
en lo cual conocerás que te hablo la verdad,
ó cosas por lo ménos que se acercan mucho á
ella.

Ahora bien; puesto que Cneo Pompeyo, ó
por su índole depravada, ó por un deseo de-
cidido de oposicion, llegó hasta el extremo
de suministrar armas á los enemigos, deberás tú restablecer el buen órden de la República, valiéndote de lo mismo con que él la
perturbó. Su principal delito está en haber

confiado á un corto número de Senadores la soberana disposicion de los impuestos, de los gastos, de los juicios, dejando en servidumbre y con leyes inicuas á la plebe romana, donde ántes estaba depositado el poder supremo. Y si bien los tres órdenes del Estado intervienen como anteriormente en los juicios; pero gobierna siempre la misma faccion, que da y quita á su arbitrio, que pone asechanzas á los hombres de bien y eleva á sus partidarios á las dignidades.

Ni crímenes, ni infamias, ni bajezas, los retraen de las magistraturas; arrebatan y se apropian lo que les acomoda; en una palabra, como en una ciudad tomada, no siguen otras leyes que su antojo y su licencia. Y ya, si la esclavitud, que segun su costumbre ejercen ahora, fuera efecto de alguna victoria debida á su valor, sería ménos mi angustia; pero son unos hombres sin talento, sin fuerza y energía más que en la lengua, y que abusan insolentemente del poder que ó la casualidad ó la inaccion de otro han puesto en sus manos: pues ¿qué sedicion, qué discordia civil ha destruido tantas y tan ilustres familias? ¿ó á quién jamás inspiró la victoria tan poca moderacion ni tanto arrojo?

Lucio Sila, á quien en su victoria todo era lícito por derecho de guerra, aunque creía que con la destruccion de sus enemigos se aseguraba su poder, con todo, despues de hacer perecer unos pocos, quiso más contener á los otros por los beneficios que por el terror. Pero ¡oh Dios! estos monstruos, además de Carbon, de Lucio Domicio, y otros del mismo partido, han sacrificado á su encono cuarenta Senadores, y muchos jóvenes que prometian las más bellas esperanzas; sin poder saciarse la sed de estos hombres detestables con la sangre de tantos miserables ciudadanos, pues no han bastado á mitigar su crueldad, ni la orfandad de los hijos, ni la ancianidad de los padres, ni los gemidos de los esposos, ni los llantos de las casadas; ántes bien yendo á más cada dia sus atentados y calumnias, no han parado hasta quitar á unos sus dignidades, y á arrojar á otros de la ciudad.

¿Y qué diré de lo que han pretendido hacer estos hombres viles contigo; contigo, cuya afrenta y humillacion comprarian á costa de su propia vida? Pues estoy cierto que no les causa tanto placer el dominio, aunque lo han logrado sin esperarlo, como sentimiento les cuesta tu dignidad: y áun tienen por mejor, á costa de perderte, arriesgar la libertad misma, que ver engrandecido por tus afanes el Imperio del pueblo romano. Por lo cual debes reflexionar más sériamente sobre la manera de establecer y cimentar sólidamente el buen órden. En lo que á mí toca, no me detendré en proponerte cuanto me dictare mi razon; siendo de tu sabiduría elegir despues lo que te pareciere verdadero y de ejecucion provechosa.

Creo, segun la tradicion de los antepasados, que la ciudad fué dividida en dos clases ú órdenes, es á saber, en Senadores y Pueblo: ántes residia en el Senado la soberana autoridad, y en el Pueblo la mayor fuerza: de aquí las frecuentes divisiones en el Estado, y por consiguiente el poder de la Nobleza ha ido siempre en disminucion, al paso que en aumento los derechos del Pueblo. Este gozaba de su libertad tanto más pacíficamente, porque el poder á nadie ponia sobre las leyes, y el noble era preferido al plebeyo, no por las riquezas ó por el orgullo, sino por la buena reputacion y por las acciones valerosas: el ménor de los ciudadanos, hallando en los campos ó en el ejército la satisfaccion de sus honestas necesidades, se bastaba á sí mismo y á la patria. Pero despues que desposeidos poco á poco de sus campos, la falta de recursos y la indigencia les redujeron á vivir en domicilios inciertos, empezaron á buscar socorros ajenos, y á poner en precio su libertad y la República: así este pueblo que enseñoreaba y mandaba á todas las naciones, fué decayendo insensiblemente; y en vez del Imperio, que era comun á todos, cada uno en particular se labró su esclavitud.

Esta multitud, pues, con malos resabios por una parte, dividida por otra por la diferencia de profesiones y manera de vivir, y poco conforme entre sí, no me parece muy á propósito para defender el Estado y sus verdaderos intereses. Por lo mismo, si se le agregan nuevos ciudadanos, confio que saldrán de su letargo, y se animarán, los unos para conservar su libertad, los otros para sacudir el yugo de la esclavitud. Soy de parecer que mezclados unos con otros, los establezcas en las colonias; por este medio el estado militar tendrá más fuerza, y la plebe, ocupada honestamente, se retraerá de perjudicar al Estado.

Bien conozco y preveo cuán grande ha de

ser la crueldad y la oposicion de los nobles
cuando se trate de realizar este proyecto:
gritarán con indignacion que todo va á con-
fundirse; que se impone una esclavitud á los
antiguos ciudadanos, y que si por concesion
de uno solo, esta inmensa multitud de gentes
adquieren el derecho de ciudad, el Estado
ántes libre se convierte en monarquía.

A la verdad, yo llevo por principio que es
un atentado criminal atraerse el favor del
Pueblo con menoscabo y perjuicio de la
República; pero cuando en un proyecto se
concilian el bien público y el particular,
dudar de ponerle en ejecucion es, en mi sentir, una señal de cobardía y de bajeza.

Marco Livio Druso, miéntras fué Tribuno,
seguia con ardor el partido de los nobles, y
al principio nada hacía sin su intervencion.
Pero estos hombres facciosos, más adictos á
los artificios y malicia que á la buena fe, luego que llegaron á conocer que un solo hombre
iba á procurar á una multitud de gentes el
mayor de los beneficios, y convencidos inte-
riormente de sus intenciones dañadas y en-
gañosas, hicieron el mismo juicio de Druso
que de sí; y temiendo que un favor tan grande podria hacerle señor del gobierno, reunie-

ron sus fuerzas, y desconcertaron los proyec-
tos que en utilidad de los mismos habia forma
do. Por lo cual deberás, oh General, redoblar
tus precauciones, y granjearte muchos amigos y defensores. Oprimir á un enemigo que
acomete de frente, no es difícil á un hombre
vigoroso; el no tender lazos secretos ni temer-
los, es una propiedad de los hombres de bien.

Luego que hubieses establecido en la ciudad á estos hombres nuevos, y que con ellos
se haya mejorado la plebe, dirigirás tu principal atencion á que florezcan las buenas costumbres, y se consolide la buena armonía
entre los antiguos y los nuevos. Pero el mayor beneficio que puedes procurar á la patria,
á los ciudadanos, á tí y á tus hijos, y por
último, á todo el género humano, es sofocar
la pasion del dinero, ó bien disminuirla, en
cuanto lo permitan las circunstancias. Sin
lo cual no puede haber un buen órden en los
negocios particulares y públicos, en la paz
ni en la guerra. Pues arraigada una vez esta
pasion desordenada, son inútiles los esfuerzos del saber, del ingenio y del talento, y
hasta el corazon, ya más pronto, ya más
tarde, últimamente sucumbe.

Repetidas veces he oido citar los reyes,

las ciudades y naciones que perdieron por la opulencia los grandes Imperios que conquistaron por su valor cuando eran pobres: y no es extraño. Pues cuando un hombre de bien ve al malo más considerado y más bien acogido por razon de las riquezas, se indigna al principio, y hace entre sí mil reflexiones; pero si el fasto llega á preponderar sobre el honor, y la opulencia sobre el mérito, el corazon abandona los verdaderos principios, y se entrega á la disipacion. En efecto, la gloria es el pábulo de la prudencia; quitada aquella, la virtud es de suyo amarga y árida. Ultimamente, por donde quiera que las riquezas privan y son honradas, caen envilecidos los verdaderos bienes, cuales son la buena fe, la probidad, el pudor y la inocencia. Pues el camino que conduce á la virtud es uno y difícil; miéntras que para amontonar riquezas hay tantos como se quiera, y para este efecto conducen todos los medios así buenos como malos.

Haz, pues, en primer lugar, que el dinero caiga en descrédito. Jamás se valorará á un hombre y su consideracion por las riquezas, si la Pretura ó el Consulado no se conceden á su opulencia, sino á su mérito. Es fácil al

Pueblo formar la opinion debida de la magistratura. Hacer que los Jueces se nombren por un corto número, es tiranía; elegirlos por razon de las riquezas, es una bastardía, una infamia.

Por lo cual entiendo que se defieran los juicios á los de la clase primera, con la condicion de que se admitan más que los acostumbrados. Jamás se arrepintieron los Rodios y otros pueblos de la forma de sus juicios, en donde el rico y el pobre indistintamente y por suerte deliberan sobre los negocios más arduos igualmente que sobre los de menor consideracion. Por lo que hace á la creacion de los Magistrados, no desapruebo la ley promulgada por Cayo Gracho durante su tribunado, la cual manda que para decidir se saquen por suerte las centurias de entre las cinco clases indistintamente: considerados así como iguales en dignidad y en riquezas, no tendrán más camino que el de la virtud para aventajarse unos á otros.

Tales son los remedios que propongo, como los más poderosos contra la influencia de las riquezas. Pues ni se alaban ni se apetecen las cosas sino por su utilidad: el mal se comete por el interes; quítese la esperanza del premio, y ninguno será malo de balde. Al fin, la avaricia es un monstruo feroz, intolerable; por donde quiera que se insinúa, va asolando y arrasando ciudades, campos, templos y casas; no respeta lo sagrado ni lo profano; ni ejércitos ni murallas son bastantes á contener su violencia; á todos arrebata la fama, el honor, los hijos, la patria y padres. Pero decaido el crédito del dinero, triunfarán fácilmente las buenas costumbres del poder prodigioso de la avaricia.

Y aunque todos, así buenos como malos, convengan en esto; no obstante, tendrás no pequeños debates con la faccion de los nobles, de cuyos artificios si una vez te desenredares, todo lo demas será fácil. En efecto, si estos hombres tuviesen bastante virtud, emularian más bien que envidiarian á los hombres de bien. Pero no es así; ántes bien, como reinan en ellos la desidia, la inaccion, la estupidez, la torpeza, se agitan y murmuran, teniendo á deshonra suya la buena opinion de los demas.

Pero ¿á qué proseguir hablando de ellos como si fueran desconocidos? ¿Por ventura merecieron á Marco Bíbulo el Consulado la animosidad y grandeza de alma? Torpe de lengua, y malo sin astucia, ¿qué podria osar este hombre, á quien han deshonrado enteramente los honores del Consulado?

¿Es acaso grande el vigor de Lucio Domicio, el cual no tiene un solo miembro que se halle exento de crímen ó atentado? Su lengua es engañosa, sus manos sangrientas, sus piés fugaces, y deshonestas en extremo las partes que no permite nombrar la decencia.

El único que me parece no debe despreciarse es Marco Caton por su sagacidad, astucia y locuacidad, cualidades que se aprenden en la escuela de los Griegos; pero no el valor, no la vigilancia, no el trabajo, que entre ellos se desconocen. ¿Y crees tú que se puede gobernar un Imperio con los preceptos de unos hombres que en su misma patria han perdido la libertad, por estar entregados á la molicie?

Los demas de esta faccion son nobles, desprovistos de talento, los cuales, semejantes á una estatua, nada más tienen que el nombre. Yo comparo á Lucio Postumo y Marco Favonio con los fardos que van de lastre en un navío, los cuales sirven cuando se llega á puerto, y son los primeros que se arrojan al mar cuando hay borrasca.

Ahora, despues de haber expuesto mis reflexiones sobre los medios de renovar el Pueblo y conducirlo al bien, voy á decirte lo que me parece debes hacer con respecto al Senado.

Despues que con mi edad se desenvolvió mi talento, apénas ejercité mi cuerpo en las armas y en la equitacion; pero sí mi alma en el estudio de la letras, y dí al trabajo la parte de mí mismo que la naturaleza habia dotado de más firmeza. En este género de vida, leyendo y conversando, me convencí de que todos los reinos, estados y naciones mantuvieron en prosperidad su gobierno miéntras que florecieron los buenos consejos, y que cuando en su lugar se introdujo el favor, el temor, el gusto por el placer, y empezó á dominar la corrupcion, poco despues se debilitó el poder, inmediatamente se arruinó el Imperio, y por último se arraigó la esclavitud.

Mi principio es que aquel que en un estado tiene el puesto más digno y más ilustre, ese es el que verdaderamente cuida de la cosa pública. Pues los otros con salvar á la capital, solamente aseguran la libertad; pero aquellos que por su mérito adquirieron riquezas, honores, consideracion, luego que la República empieza á vacilar y á ser agitada, son atormentados con mil zozobras y penas, como que tienen que defender, ó su gloria, ó su libertad, ó sus bienes; su atencion se dirige á todas partes; todo es movimiento, todo agitacion: cuanto más florecientes se hallaron en la bonanza, otras tantas fatigas y sustos los sitian en la adversidad. Cuando pues el Pueblo, obediente al Senado como el cuerpo al alma, ejecuta sus decretos, á él toca distinguirse por su sabiduría, no al Pueblo, á quien sería supérfluo el tenerla.

Así nuestros antepasados, aunque afligidos con las guerras más crueles, y sufriendo un menoscabo considerable en caballos, hombres y dinero, no por eso desfallecieron, ni dejaron de pelear con las armas en la mano en defensa de la patria: ni el erario exhausto, ni el poder de los enemigos, ni los reveses fueron diques que les impidiesen conservar con riesgo de su vida lo que habian conquistado con su valor; y todo esto consiguieron, no tanto por el feliz éxito de las armas, como por la entereza de sus deliberaciones. Pues entre ellos era una la República; á ella se referia todo; la liga se aprestaba contra los enemigos, y cada uno ejercitaba su talento y sus fuerzas en obsequio de la patria, no para sus miras ambiciosas.

Al contrario los nobles de nuestros tiempos, desprovistos de prudencia y energía, que ni conocen los trabajos ni los enemigos, ni la fatiga militar, defendidos por su faccion dentro de la patria, presumen gobernar todas las naciones con su orgullo. Así los Senadores, cuya prudencia sostenia otras veces la República vacilante, oprimidos y fluctuando acá y allá segun el gusto ajeno, ya decretan una cosa, ya otra, graduando los males y bienes públicos por la arrogancia ó los odios de los que dominan.

Mas si la libertad fuese igual en todos, ó más secreta la manera de votar, la República tendria más poder y ménos autoridad la nobleza. Y por cuanto es difícil nivelar el crédito de todos, á causa de que unos han heredado del valor de sus antepasados un nombre glorioso, la dignidad y los clientes, miéntras que los demas viven ignorados; todos deberán dar su parecer libremente y exentos de temor; así cada uno preferirá su propio interes al poder de otro. Todos aman la libertad, buenos y malos, cobardes y valientes; pero muchos la pierden por timidez: ¡insensatos! Ellos por su inaccion doblan como vencidos la cerviz al yugo, miéntras que se disputa y se duda qué partido le ha de recibir.

De dos modos me parece que puede asegurarse la autoridad del Senado: aumentándolo en número, y haciendo que vote por escrito ó por escrutinio; este servirá para poder obrar con más libertad; la multitud afianza mayor socorro y más utilidad. Pero en casi todas las últimas turbaciones, los unos ocupados en la judicatura, los otros en los negocios privados y de sus amigos, no han asistido á los consejos de la República, habiéndoles retraido de ellos, más bien el orgullo imperioso de los que dominan, que sus ocupaciones. Los nobles, con unos pocos Senadores de su faccion, han ejecutado cuanto les ha agradado aprobar, reprobar, determinar; pero si, aumentado el número de los Senadores, se vota por escrutinio, no dudo que su orgullo quedará humillado, cuando se vieren en la necesidad de obedecer á los mismos que ántes mandaban con excesiva crueldad.

Acaso, oh General, despues de leer esta carta, advertirás que no he fijado el número de Senadores que en mi concepto debe haber, ni

distribuido sus varias funciones, la reparticion
de causas y el número de Jueces para cada
especie, por cuanto creo que no se debe tocar
á los juicios confiados á la primera clase.

No me sería difícil hacer una descripcion
de estos artículos generales; pero ántes me ha
parecido tratar de lo más esencial de mi proyecto, y que tú realices su verdad. Si deter-
minas marchar por este camino, lo demas será
bien expedito. Deseo que mi plan sea acertado, y sobre todo útil; pues yo adquiriré tanto
más gloria, cuantos mejores efectos produzca
bajo tu direccion. Mi deseo más eficaz es que
de cualquiera manera, y cuanto ántes, se
presten auxilios á la República; pues su libertad me es mucho más querida que mi gloria.

Yo ahora te ruego y te conjuro, oh muy insigne General, no permitas, despues de haber
sujetado la nacion de los Galos, que el grande é invencible Imperio del Pueblo romano
se consuma de caducidad, y caiga al impulso
de la fiera discordia. Si esto por desgracia lle-
gare á suceder, ni de dia ni de noche calma-
rán las inquietudes de tu alma, sino que, atormentado por horribles visiones, vagarás furioso y fuera de tí. Pues vivo en la firme
persuasion que la divina Providencia vela so-

bre la vida de todos los mortales; que gradúa las acciones buenas y las malas de cada uno, y que por una consecuencia natural hay diferentes premios y castigos para unos y otros. Puede ser que vengan tarde; pero la conciencia indica á cada uno lo que debe esperar.

Si la patria y tus padres pudiesen dirigirte la palabra, este es el razonamiento que te harian: «De nosotros ¡oh César! que nos hemos »distinguido por nuestro valor, has recibido »el sér en la más ilustre de las ciudades para »gloria y defensa nuestra y terror de los ene- »migos. Lo que á fuerza de trabajos y ries- »gos hemos adquirido, te lo habemos entre- »gado con la vida desde el instante que tus »ojos se abrieron á luz; la patria más flore- »ciente del mundo, y en la patria un nom- »bre y una familia muy ilustre: además be- »llas cualidades, riquezas, y por último todos »los honores de la paz, todos los premios de »la guerra. Por tan inmensos beneficios no »exigimos de tí ni bajezas ni crímenes, sólo »sí que restablezcas la libertad perdida; esta »empresa gloriosa extenderá tu fama y tu »virtud por todas las naciones. Pues si bien »hasta la época presente has hecho en paz »y en guerra acciones esclarecidas, no obs-

»tante, tu gloria no se aventaja á la de mu-
»chos hombres grandes; pero si del ocaso
»que ya está tocando levantas esta Ciudad,
»cuyo nombre es tan insigne, y su Imperio
»tan dilatado, ¿quién será más ilustre que tú,
»quién más grande sobre la haz de la tierra?
»Mas si por algun vicio interno ó por fata-
»lidad llega á decaer este Imperio, ¿quién
»duda que se derramarán por el mundo la
»desolacion, las guerras y las mortandades?
»Si tú tomares la loable resolucion de obrar
»en favor de la patria, y dar gusto á tus pa-
»dres, tu gloria en los tiempos venideros,
»despues de restablecida la legal República,
»será distinguida entre todos los mortales, y
»serás el único en quien la muerte dará real-
»ce á la vida. Pues alguna vez la fortuna, y
»frecuentemente la envidia, persiguen á los
»vivos; pero pagado el tributo á la naturale-
»za, se disipan las rivalidades, y la virtud se
»ensalza más y más por la misma.»

He bosquejado lo más sucitamente que he
podido cuanto me ha parecido bueno de ejecutar, y útil á tus intereses. Yo pido á los
Dioses inmortales que cualquiera partido que
tomes se convierta en bien tuyo y en prosperidad de la República.

Antiguamente creia el Pueblo romano que los reinos y los imperios, y todos los bienes que los mortales apetecen con ánsia, son presentes de la fortuna, porque muchas veces se hallaban repartidos, como por capricho, entre quienes no los merecian, y nadie los habia gozado sin zozobra. Pero si la experiencia ha acreditado la verdad de aquello que Appio dice en sus versos: *cada uno es el artífice de su fortuna*, mucho mejor se ha verificado en tí, que de tal modo te has adelantado á los otros hombres, que ántes se han cansado de hacer el panegírico de tus hazañas, que tú de ejecutarlas.

Pero las obras de la virtud, semejantes á las del arte, requieren grande talento, para que no se desfiguren por negligencia, ó se echen á perder por debilidad. Ninguno, á la verdad, concede voluntariamente el Imperio á otro; y aunque sea bueno y clemente el que lo tiene, siempre es temido, porque puede abusar de él. Esto proviene de que la mayor parte de aquellos en cuyas manos se halla el poder lo dirigen á fines torcidos, creyéndose tanto más asegurados, cuanto más corrompidos son los que obedecen.

Tú, al contrario, como hombre de bien y valeroso, debes poner todo tu conato en mandar á los hombres mejores que sea dable; siendo cierto que los malos con dificultad sufren superior. Pero tú hallas mayores dificultades que tus predecesores en arreglar tus conquistas: has mostrado más blandura y humanidad en la guerra que los otros en la paz: los vencedores piden su presa, y los vencidos son ciudadanos. Es preciso sacudirte de estas dificultades, y consolidar para en lo sucesivo la República, no solamente por la fuerza de las armas y contra los enemigos, sino lo que es sin comparacion más importante y difícil, por las buenas artes de la paz.

Un objeto de tanta consideracion convida á los hombres muy ilustrados, y á los que no lo son tanto, á que te propongan lo que mejor les pareciere. Yo creo que del arreglo de la victoria, como quiera que uses de ella, dependen todos los que hicieres en lo sucesivo. Mas á fin de que abraces lo mejor y lo más fácil, oye en pocas palabras lo que me dicta mi razon.

La guerra que has tenido, oh general, ha sido con un hombre célebre, de grande crédito, ambicioso de mandar, y más afortunado que sabio, á quien han seguido unos pocos, por su desgracia, enemigos tuyos, y otros adictos á su partido por razon de parentesco ó de otro vínculo cualquiera. Con nadie partió el poder; á haberlo hecho, no se hubiera visto el mundo afligido con la plaga de la guerra. Los demas del bajo pueblo, partidarios más por obediencia que por eleccion, se han sucedido unos á otros, como si los primeros fuesen los más bien aconsejados.

Por el mismo tiempo, esperanzados con las calumnias de los inicuos de apoderarse de la República, algunos hombres cubiertos de infamia, y manchados con todo género de torpezas, se pasaron en tropel á tu campo, amenazando insolentemente á los ciudadanos pacíficos con la muerte, el pillaje, y todas las atrocidades que les sugeria su dañado corazon. Parte de ellos, al ver que no se abolian sus deudas, y que no tratabas á los ciudadanos en concepto de enemigos, desertaron; quedando sólo unos pocos, por creerse más seguros y tranquilos en tu campo que en Roma. ¡Tan temibles eran las persecuciones de los acreedores! Pero es indecible cuántos por la misma causa se pasaron á Pompeyo, acogiéndose á él, durante el tiempo de la guerra, como á un asilo sagrado é inviolable.

Ahora, pues, que por derecho de la victoria tienes que decidir de la guerra y de la paz, aquélla para que termine en beneficio de los ciudadanos, y ésta para que sea la más equitativa y sólida posible, juzga ante todas cosas por tí mismo, pues que ninguno sino tú ha de arreglar tus condiciones, lo que será mejor de practicarse. Yo creo que todo gobierno riguroso es más funesto que estable, y que ningun hombre puede hacerse temer de muchos, sin que tenga que temer de muchos; que este género de vida es como una guerra interminable y dudosa; porque no habiendo defensa por delante ni por la espalda, ni por los costados, es preciso que todo cause inquietud y peligro. Por el contrario, á los que con benignidad y clemencia suavizaron el mando todo se presenta agradable y risueño, y áun hallan mejor acogida entre los enemigos, que los tiranos entre sus mismos conciudadanos.

¿Se me objetará acaso que intento con mis razones rebajar las ventajas de tu victoria, y que soy demasiado indulgente para con los vencidos? Lo que únicamente deseo es que se conceda á los ciudadanos lo que nosotros y nuestros antepasados hemos acordado repetidas veces á las naciones extranjeras, naturalmente enemigas de la nuestra, y que no se vengue á la manera de los bárbaros la muerte con la muerte, y la sangre con la sangre. ¿Por ventura nos hemos olvidado de las amargas quejas que poco ántes de la guerra se dirigian contra Cn. Pompeyo y la victoria conseguida por Sila? ¿De Domicio, Carbon, Bruto y otros muchos muertos indignamente contra el derecho de guerra, sin estar armados, sin hallarse en accion y pidiendo cuartel? ¿Del Pueblo romano degollado como un rebaño en la granja pública?

¡Ay! ¡qué atroces eran y crueles ántes de tu victoria las muertes clandestinas de los ciudadanos, las de los padres, ejecutadas en el seno de los hijos, las de los hijos en el seno de los padres, la fuga de las mujeres

y niños y la desolacion de las casas! A todos estos atentados quieren obligarte estas
gentes, pretendiendo que el objeto de la
guerra era decidir quién de los dos habia de
autorizar las injusticias; que no has reco-
brado sino conquistado la República; y que
en atencion á esto los mejores y los más antiguos soldados, despues de cumplir el tiempo
de su servicio, se habian batido contra sus
hermanos, padres é hijos, á fin de que los
más despreciables entre los hombres sacasen
de las desgracias de otros con que apacentar
su glotonería é insaciable torpeza, y fuesen
el baldon de tu victoria, contaminando la
gloria de los buenos con sus iniquidades.
Pues no se te oculta, á lo que creo, cómo y
con qué modestia se ha portado cada uno de
ellos, áun estando indecisa la victoria; con
cuánto exceso en medio de las operaciones de
la guerra se han abandonado á la disolucion
de las rameras, ó á la glotonería, algunos
que, por su edad, ni áun en el seno de la paz
hubieran gustado estos placeres sin exponerse á la nota de infames.

Baste de guerra. Por lo que hace á la paz,
puesto que tú y los tuyos tratais de estable-
cerla sobre principios sólidos, te suplico exa-

mines, ántes de todo, cuál es el objeto de tu deliberacion, pues haciendo así separacion de sus inconvenientes y ventajas, llegarás sin tropiezo al fin verdadero. Yo creo que en el momento fatal de la destruccion de Roma, pues todo lo que ha empezado tendrá fin, los ciudadanos vendrán á las manos con los ciudadanos, hasta que abatidos y debilitados se hagan presa de algun rey ó nacion; de otro modo, ni el universo entero, ni todas las naciones reunidas serian bastantes á desquiciar este Imperio.

Débense, pues, consolidar todas las ventajas de la union y destruir los males de la discordia. Lo conseguirás, si destierras la licencia del lujo y de las rapiñas, no renovando las antiguas instituciones ridiculizadas tiempo hace por los de costumbres estragadas, sino fijando á cada cual sus bienes por límites de sus gastos.

Desde que se introdujo la costumbre entre los jóvenes de hacerse un mérito de disipar su haber y el ajeno, de no negar cosa alguna á sus desórdenes, de disfrazarlos con el nombre de virtud y grandeza de alma, miéntras que dan el de necedad á la moderacion y al pudor; estos hombres sin educacion, siguiendo tal camino, y viéndose ya sin medios para proveer á sus gastos ordinarios, se arrojan con ardor, ya sobre los aliados, ya sobre sus compatriotas; despiertan las disensiones dormidas, y se afanan por hacer nuevas adquisiciones á expensas de las antiguas. Extínganse, pues, los usureros, para que cada uno de nosotros cuide de sus intereses: esto se conseguirá sin dificultad, si los Magistrados se consagran á la felicidad del Pueblo, no á los intereses de los acreedores; y si manifiestan la grandeza de su espíritu, acrecentando el poder de la República, no debilitándolo.

Bien conozco que esto será bastante duro al principio, mucho más á aquellos que con la victoria creian vivir mucho más ámplia y licenciosamente. Si tú te esmerases en procurar su verdadera felicidad, y no contemporizar con sus antojos, darás una paz sólida á ellos, á nosotros, y á nuestros aliados; pero si la juventud conserva las mismas inclinaciones y la misma conducta que hasta aquí, es innegable que dentro de poco tiempo caerá con la República de Roma tu brillante reputacion. Ultimamente, los sabios emprenden la guerra para conseguir la paz, y resisten

el trabajo con la esperanza del reposo: si no
estableces la paz sobre bases sólidas, ¿qué
importa haber sido vencido ó vencedor?

Yo te ruego encarecidamente, en nombre
de los Dioses, que te encargues de la felicidad
de la República, y arrostres, como tienes de
costumbre, todas las dificultades; pues tú
eres el único que puede poner término á los
males. No es decir por esto que establezcas
penas rigurosas, ó pronuncies juicios severos,
porque estos son unos medios más propios
para arruinar el Estado, que para reformarle.
te exhorto, sí, á que refrenes los desórdenes
de la juventud y sus gustos perjudiciales por
medio de una buena educacion.

Será verdadera clemencia prevenir los destierros injustos .de los ciudadanos, retraerlos
de sus extravíos y falsos deleites, y cimentar
la paz y la union: y no será clemencia, si por
condescender con sus pasiones criminales, y
por tolerar sus desórdenes, les concedes un
bien momentáneo á costa de un mal duradero.
Mi confianza se alimenta en lo mismo que á
otros infunde temor, en la importancia de la
empresa, y en la obligacion que tienes de
arreglar los mares y las tierras (pues un espíritu tan grande desdeña abatirse á las co-

sas de poco valor); que las grandes atenciones llevan siempre consigo una recompensa grande.

Así, pues, deberás tomar todas las medidas á fin de que la plebe, que se deja sobornar por presentes y por las distribuciones del trigo público, esté ocupada en negocios propios que la retraigan de perjudicar al bien de todos; que la juventud se acostumbre á la honradez y á la industria, no al lujo ni al abuso de las riquezas. Lo cual conseguirás, si hicieres caer el crédito y uso del dinero, el mayor de todos los males.

Considerando yo entre mí los diversos medios por donde los hombres más insignes se han elevado; las cosas que bajo los auspicios de los hombres más distinguidos han contribuido al acrecentamiento de los pueblos y naciones, y por último las causas de la ruina de los más florecientes Imperios y Reinos, siempre he hallado los mismos bienes y los mismos males; desprecio de las riquezas en los vencedores, anhelo por ellas en los vencidos. Ningun mortal puede elevarse hasta la Divinidad si, desdeñando la opulencia y los placeres de los sentidos, no es conducido por su talento; no adulando ni

halagando sus pasiones con una vergonzosa complacencia, sino ejercitándose en el
trabajo, en la paciencia, en las sanas máxi-
mas, y en las acciones valerosas. Pues cons-
truir un edificio en la ciudad ó en el campo,
adornarlo con figuras, tapicerías y otras
obras del arte, y dar más valor y atencion á
estos objetos que á sí mismo, es no honrarse
con sus riquezas, sino ser afrenta y oprobio
de ellas.

Por otra parte, los que tienen de costumbre cargar dos veces al dia su vientre, y no
pasar noche sin una cortesana, luego que
esclavizaron su alma, que era quien debia
gobernarlos, en vano quieren valerse de ella
hallándose ya embotada y sin resorte; pues
su imprudencia desconcierta sus empresas,
y los pierde á ellos mismos. Pero se desva-
necerán todos estos desórdenes, y otros semejantes, como tambien la estimacion del
dinero, desde el punto que no sean venales
las magistraturas y los demas objetos de ambicion.

Fuera de esto, es preciso primeramente
ver el medio de cimentar más la seguridad
de ltalia y de las provincias; lo que no es difícil de conocer ni de practicar, pues estos

mismos de quienes acabo de hablar, son los que por toda ella llevan la desolacion, abandonando sus hogares, y apoderándose injustamente de los ajenos. En segundo lugar, que el servicio militar no sea tan injusto y desigual como hasta aquí, haciendo unos treinta campañas y otros ninguna. Ultimamente, convendrá distribuir en los municipios y colonias el trigo, que ántes era la recompensa de la inaccion, entre aquellos únicamente que vuelven á sus casas despues de haber cumplido el tiempo de su servicio.

He expuesto sucintamente mi sentir acerca de lo que he creido necesario al bien de la República y de tu gloria; y juzgo que no seré reprehensible si en pocas palabras hago la apología de la libertad que me he tomado en hablarte. La mayor parte de los hombres tienen ó se figuran tener bastante talento para juzgar y decidir de todo; pero se precipitan con ardor para censurar las acciones ó palabras de los demas, y apénas tienen su boca bastante abierta, ó su lengua bastante expedita para exponer sus reflexiones. No me importan sus censuras; harto mayor sentimiento tendria en haber guardado silencio; pues sea que sigas por el camino que te he señalado, ó por otro mejor, á lo ménos tendré la satisfaccion de haber hablado y dirigido mis esfuerzos á ser útil, quedándome sólo el desear que los Dioses inmortales aprueben las medidas que adoptares, y les concedan un éxito dichoso.

LA GUERRA

DE JUGURTA.

LA GUERRA
DE JUGURTA.

Sin causa alguna se quejan los hombres de que su naturaleza es flaca y de corta duracion, y que se gobierna más por la suerte que por su virtud. Porque, si bien se mira, se hallará, por el contrario, que no hay en el mundo cosa mayor ni más excelente, y que no la falta vigor ni tiempo, sí solo aplicacion é industria. Es, pues, la guia y el gobierno entero de nuestra vida el ánimo; el cual, si se encamina á la gloria por el sendero de la virtud, harto eficaz, ilustre y poderoso es por sí mismo; ni necesita de la fortuna, la cual no puede dar ni quitar á nadie bondad, industria, ni otras virtudes. Pero si, esclavo de sus pasiones, se abandona á la ociosidad y á los deleites perniciosos, á poco

que se engolfa en ellos, y por su entorpeci-
miento, se reconoce ya sin fuerzas, sin tiempo y sin facultades para nada: se acusa de
flaca á la naturaleza; y atribuyen los hombres á sus negocios y ocupaciones la culpa
que ellos tienen. Y á la verdad, si tanto esmero pusiesen en las cosas útiles, como ponen en procurar. las que no les tocan ni
pueden serles de provecho, y áun aquellas
que les son muy perjudiciales, no serían ellos
los gobernados, sino ántes bien gobernarian
los humanos acaecimientos, y llegarian á tal
punto de grandeza, que en vez de mortales
que son, se harian inmortales por su fama.

Porque como la naturaleza humana es
compuesta de cuerpo y alma, así todas nuestras cosas ó inclinaciones siguen unas el
cuerpo y otras el ánimo. La hermosura,
pues, las grandes riquezas, las fuerzas del
cuerpo, y demas cosas de esta clase, pasan
brevemente; pero las esclarecidas obras del
ingenio son tan inmortales como el alma.
Asimismo, los bienes del cuerpo y de fortuna
como tuvieron principio tienen su término;
y cuanto nace y se aumenta llega con el
tiempo á envejecer, y muere: el ánimo es
incorruptible, eterno, el que gobierna al gé-

nero humano, el que lo mueve y lo abraza todo, sin estar sujeto á nadie. Por esto es más de admirar la depravacion de aquellos que, entregados á los placeres del cuerpo, pasan su vida entre los regalos y el ocio, dejando que el ingenio, que es la mejor y más noble porcion de nuestra naturaleza, se entorpezca con la desidia y falta de cultura; y más habiendo, como hay, tantas y tan várias ocupaciones propias del ánimo, con las cuales se adquiere suma honra.

Pero entre éstas los magistrados y gobiernos, y en una palabra, todos los empleos de la República son en mi juicio en este tiempo muy poco apetecibles: porque ni para ellos se atiende al mérito; y los que destituidos de él los consiguen por medio de fraudes, no son por eso mejores, ni viven más seguros. Por otra parte, el dominar un ciudadano á su patria y á los suyos, y obligarles con la fuerza, áun cuando se llegue á conseguir y se corrijan los abusos, siempre es cosa dura y arriesgada, por traer consigo todas las mudanzas de gobierno muertes, destierros, y otros desórdenes; y por el contrario, empeñarse en ello vanamente y sin más fruto que malquistarse á costa de fatigas, es la mayor locura; si ya no es que haya quien, poseido de un infame y pernicioso capricho, quiera el mando para hacer un presente de su libertad y de su honor á cuatro poderosos.

Entre las ocupaciones, pues, propias del ingenio, una de las que traen mayor utilidad es la historia; de cuya excelencia, porque han escrito muchos, me parece ocioso que yo hable; y tambien porque no piense alguno, que ensalzando yo un estudio de mi profesion, quiero de camino vanamente alabarme. Aun sin esto, creo que habrá algunos que, porque he resuelto vivir apartado de la República, llamen inaccion á este tan grande y tan útil trabajo mio; y estos serán sin duda los que tienen por obra de grandísimo estudio el visitar sórdidamente á la plebe, y captar su benevolencia á fuerza de convites; los cuales, si reflexionan, lo primero en qué tiempos obtuve yo empleos públicos, y qué sujetos competidores mios no los pudieron alcanzar, y además de esto, qué clases de gentes han llegado despues á la dignidad de Senadores, reconocerán, sin duda, que no fué pereza la que me hizo mudar de propósito, sino justa razon que para ello tuve; y que ocioso, como quieren llamarme, soy de más provecho á la República, que ellos ocupados. Porque muchas veces he oido que Quinto Máximo, Publio Scipion, y otros esclarecidos varones de nuestra ciudad, cuando miraban los retratos de sus mayores solian decir *que les inflamaba vehementísimamente el ánimo para la virtud;* esto es, no que aquella cera ni su figura tuviesen en sí para ello tanta fuerza, sino que con la memoria de sus hechos se avivaba en los ánimos de aquellos grandes hombres una llama que nunca se apagaba hasta igualar con la propia virtud su reputacion y gloria. Pero, al contrario, ¿quién habrá hoy tan moderado que no exceda á sus antepasados en gastos y riquezas, ó que pueda competir con ellos en bondad é industria? Hasta los hombres nuevos y advenedizos, que en otro tiempo solian granjearse anticipadamente el grado de nobles á costa de su valor, aspiran hoy á los magistrados y honores, más por vias ocultas y latrocinios, que por buenos medios; como si la pretura, el consulado, y demas empleos de esta clase fuesen por sí ilustres y magníficos, y no deban solamente estimarse á proporcion del mérito del que los obtiene. Pero yo, al mirar con displicencia y tedio las costum-

bres de nuestra ciudad, he sido algo libre, y
me he internado en esto más de lo que debiera. Acercándome ahora á mi propósito.

Voy á escribir la guerra que el Pueblo romano tuvo con Jugurta, rey de los Númidas;
ya porque fué grande y sangrienta, y la
victoria anduvo vária, ya porque entónces
fué la primera vez que la plebe romana se
opuso abiertamente al poder de la nobleza;
cuya contienda trastornó y confundió todo
lo sagrado y lo profano, llegando á tal extremo de furor, que no se acabaron las discordias civiles sino con la guerra y la desolacion de Italia. Pero ántes de comenzar mi
narracion, pienso tomar desde el principio
algunas cosas, á fin de que mejor y más claramente se entienda lo que he de referir. En
la segunda guerra con los Cartagineses, en
que su general Aníbal, despues de haber ho-
llado la grandeza del nombre romano, debilitó en gran manera las fuerzas de Italia;
Masinisa, rey de los Númidas, con quien
Publio Scipion, llamado despues por su valor
el Africano, habia trabado alianza, hizo muchas y muy esclarecidas hazañas militares;
por las cuales, despues de vencidos los Cartagineses, y de haber hecho prisionero á

Sifax, cuyo imperio era muy extendido y poderoso en África, el Pueblo romano le dió en premio todas las ciudades y territorios que con los suyos habia conquistado. La amistad, pues, de Masinisa nos fué constantemente honrosa y útil, ni se acabó sino con su imperio y con su vida. Despues de él, su hijo Micipsa obtuvo solo el Reino, habiendo Manastabal y Gulusa sus hermanos muerto de enfermedad. Micipsa tuvo por hijos á Aderbal y Hiempsal, y además de esto crió en su casa con igual tratamiento á Jugurta (hijo de su hermano Manastabal), al cual Masinisa, porque no era legítimo, habia privado de su herencia.

Este, luego que llegó á los años de la mocedad, como era esforzado, de bella presencia, y especialmente de un claro y despejado ingenio, no se dejó corromper de la ociosidad y el lujo; sino ántes bien, segun la costumbre de aquella gente, se ejercitaba en montar á caballo, en tirar el dardo, en correr con sus iguales, disputándoles la ventaja; y siendo así que sobrepujaba en reputacion á todos, no era por eso ménos bien quisto de ellos. Ocupaba, además de esto, lo más del tiempo en la caza; heria si podia el primero, ó entre los primeros, á los leones y otras fieras; y ejecutando mucho, hablaba con gran moderacion de sí. De estas cosas Micipsa, aunque en los principios se alegraba, con la esperanza de que el valor de Jugurta podria algun dia contribuir á la gloria de su reino, despues que reflexionó que el mancebo se iba ganando más y más crédito en la flor de su edad, siendo tan avanzada la suya y tan tierna la de sus hijos; inquieto sumamente con este pensamiento, daba mil vueltas en su interior. Poníale miedo la condicion humana, de suyo ambiciosa de mando y nada detenida en cumplir sus deseos, y asimismo la favorable ocasion de su edad y la de sus hijos, capaz por sí sola de trastornar, con la esperanza del buen éxito, áun á espíritus ménos elevados. Añadíase á esto el grande amor que los Númidas tenian á Jugurta: todo lo que hacía temer mucho á Micipsa, que si se resolvia á matarle con engaños, podria nacer de ahí alguna guerra ó sedicion.

Entre estas dificultades, viendo que ni por vía de fuerza, ni de asechanzas, podia quitar del medio á un hombre tan bien quisto del pueblo, y por otra parte, cuán valiente era Jugurta y ambicioso de gloria militar, de-

terminó exponerle á los riesgos, y tentar por
este camino la fortuna. Habiendo, pues, de
enviar Micipsa al Pueblo romano socorros
de infantería y caballería para la guerra de
Numancia, le eligió por Comandante de los
Númidas que destinaba á España; esperando
que, ó bien porque querria hacer alarde de su
valor, ó por la braveza de los enemigos, seguramente pereceria. Pero la cosa sucedió
muy de otra suerte de lo que pensaba; porque como Jugurta era de ingenio pronto y
perspicaz, luégo que conoció el genio de Publio Scipion, que era entónces el General de
los Romanos, y la costumbre de pelear de los
enemigos; á costa de gran trabajo y cuidados, y además de esto obedeciendo á todos
con suma modestia, y muchas veces saliendo
al encuentro á los peligros, llegó muy en
breve á hacerse tan ilustre, que los nuestros
le amaban sumamente, y no ménos le temian
los Numantinos. Y á la verdad, juntaba en sí
Jugurta el ser ardiente en las batallas y
maduro en las deliberaciones, cosa en sumo
grado difícil; porque el conocimiento de los
riesgos suele engendrar temor, y la intrepi-
dez temeridad. El General, pues, para casi
todos los casos arduos se valia de Jugurta,

le trataba familiarmente, y cada dia le insi-
nuaba más en su amistad, viendo que ningun consejo ni empresa suya salia vana.
Llegábase á esto su liberalidad y la destreza
de su ingenio, con las cuales prendas se habia granjeado la amistad de muchos de los
Romanos.

Habia en aquel tiempo en nuestros ejército
varios sujetos (de poca cuenta, y tambien
nobles) que anteponian las riquezas á lo
bueno y honesto; gente de partido y de autoridad en Roma, famosos por eso entre los
confederados, más que por su virtud. Estos
inflamaban el ánimo elevado de Jugurta, pro-
metiéndole *que si llegaba á faltar Micipsa,
seria su único sucesor en el imperio de Numidia, así por su gran valor, como porque en
Roma todo se vendia.* Pero despues que, des-
truida Numancia, Publio Scipion resolvió
despedir las tropas auxiliares y volverse á
Roma; habiendo regalado y elogiado magníficamente á Jugurta en presencia de todos,
le separó y llevó á su tienda, y allí le advirtió
secretamente, «que no cultivase la amistad
»del Pueblo romano por medio de particula-
»res, sino en cuerpo, ni se acostumbrase á
»regalar privadamente á alguno; que no sin

»riesgo se compraba á pocos lo que era de
»muchos, y que si proseguia obrando bien,
»como hasta entónces, la gloria y el reino de
»suyo se le vendrian á las manos; pero que
»si se apresuraba demasiado, sus mismas ri-
»quezas le precipitarian.»

Habiéndole hablado de esta suerte, le des-
pidió con una carta suya para Micipsa, cuyo
contenido era este: «Tu Jugurta en la guer-
»ra de Numancia se ha portado con un valor
»incomparable, cuya noticia no dudo que te
»será muy grata. Yo le estimo por su mere-
»cimiento, y haré cuanto pueda porque le
»estime tambien el Senado y Pueblo roma-
»no. Doyte el parabien de ello por la amistad
»que te profeso. Tienes por cierto en él un
»varon digno de tí y de su abuelo Masinisa.»
El Rey, pues, viendo confirmado por la carta
de Scipion cuanto por noticias habia entendido de Jugurta; conmovido en su interior,
ya por el mérito, ya especialmente por la
gallardía del jóven, dobló al fin su ánimo, y
tentó si le venceria á fuerza de beneficios; y
así le adoptó desde luégo, y le declaró heredero en su testamento, igualmente que á sus
hijos. De allí á pocos años Micipsa, agobiado
de la vejez y achaques, reconociendo que se

le acercaba el término de su vida, dicen que, en presencia de sus amigos y parientes, y de sus hijos Aderbal y Hiempsal, habló á Jugurta de esta suerte:

«Pequeño eras tú, Jugurta, cuando muerto »tu padre, y viéndote pobre y sin esperanza »alguna, te recogí en mi casa, juzgando que, »á ley de agradecido, no me amarias ménos »que si te hubiese yo engendrado. Ni me en- »gañé en esto; porque, dejando aparte otras »grandes y excelentes prendas que te ador- »nan, recientemente en tu vuelta de Numan- »cia me has colmado á mí y á mi reino de »gloria: con tu valor nos has estrechado más »en la amistad de los Romanos; renovaste en »España la memoria de nuestra familia; y »en fin, lo que es para los hombres más difí- »cil de lograr, venciste á la envidia con tu »fama. Ahora, pues, que la naturaleza va »poniendo término á mi vida, te exhorto y »conjuro por esta mi diestra, y por la fideli- »dad que al reino debes, que ames mucho á »estos que por su linaje te son parientes y »por mi beneficio hermanos, y que no quie- »ras más agregarte extraños, que conservar »á los que te son cercanos por la sangre. Ad- »vierte, que no son los ejércitos ni los tesoros

»la seguridad de un reino, sino los amigos,
»los cuales ni se ganan por las armas, ni se
»compran con el oro: la buena fe y el obse-
»quio los produce. ¿Quién, pues, más amigo
»que un hermano para otro? ¿O á quién ha-
»llará fiel entre los extraños el que fuese in-
»fiel á los suyos? Entrégoos, pues, un reino
»firme, si hubiere union entre vosotros; pero
»débil si llegais á desaveniros: porque con la
»concordia se engrandecen los pequeños Es-
»tados; la discordia destruye áun los mayo-
»res. Pero tú, oh Jugurta, pues te aventajas
»á estos en edad y prudencia, conviene que
»seas el primero en procurar que no suceda
»de otro modo: porque en toda contienda el
»que es más fuerte parece por sólo esto, á la
»primera vista, que es el agresor, aunque en
»la realidad sea el injuriado. Vosotros tam-
»bien, oh Aderbal y Hiempsal, respetad, y no
»perdais de vista á este varon insigne: imi-
»tad su virtud, y haced cuanto podais para
»que no se diga de mí que he prohijado me-
»jores hijos que he engendrado.»

Jugurta entónces, aunque conocia bien el
artificio de aquel razonamiento, y estaba
muy léjos de pensar de aquel modo, se aco-
modó al tiempo, y respondió al Rey benigna

y cortésmente. Muere de allí á pocos dias Micipsa; y despues de haberle hecho magníficamente las exequias, segun la Real costumbre, se juntaron los pequeños Reyes á tratar entre sí de los negocios. Pero Hiempsal, el menor de los hermanos (que era de condicion feroz, y ya de antemano despreciaba á Jugurta por la desigualdad de su nacimiento por la línea materna), se sentó inmediato y á la mano derecha de Aderbal, para que de esa suerte no pudiese Jugurta ocupar el medio, lo que tambien entre los Númidas se tiene por honor; y áun despues de haberle su hermano importunado para que cediese á la mayor edad de Jugurta, y se pasase al otro lado, con dificultad lo pudo conseguir. Tratando, pues, los tres largamente en aquella junta de la administracion del reino, Jugurta entre otras cosas propuso, *que convendria anular todas las deliberaciones y decretos hechos de cinco años hasta entónces, alegando que en ese tiempo Micipsa, por su edad decrépita, no habia estado en su cabal juicio.* Hiempsal, que oyó esto, *dijo al instante que le placia; porque en los tres postreros años de Micipsa habia él sido adoptado, y llegado por ese medio al trono:* cuya palabra hizo en el ánimo de Jugurta más impresion de lo que nadie puede imaginar. Así que, desde entónces, agitado del furor y del miedo, todo era maquinar, prevenir, y no pensar sino en trazas y engaños por donde haber á las manos á Hiempsal. Pero viendo que esto iba largo, y no pudiendo entre tanto sosegar su ánimo feroz, determinó llevar de todos modos á efecto su pensamiento.

Habian los Reyes en la primera junta que tuvieron, como se dijo ántes, acordado, para evitar discordias, que se dividiesen los tesoros y señalasen á cada uno los límites de su imperio; y así, se prefijó término para uno y otro, pero más breve para la reparticion del dinero. En el intermedio se fueron cada cual por su parte á las cercanías del sitio donde se guardaban los tesoros. Hallábase Hiempsal en el lugar de Tírmida, y estaba casualmente hospedado en casa de un vecino que, por haber sido lictor de los más allegados de Jugurta, era muy estimado y bien quisto de él. A este, pues (viendo Jugurta que tan favorablemente se le habia presentado la suerte), le llenó de promesas, y le indujo á que fuese á su casa con pretexto de dar una vista; y procurase falsear las llaves de su

entrada, porque las verdaderas se entregaban por las noches á Hiempsal; asegurándole
que él vendria en persona con buen número
de gente cuando el caso lo pidiese. El Númida hizo muy en breve lo que se le habia
mandado; y segun la instruccion que tenía,
introdujo de noche en la casa á los soldados
de Jugurta, los cuales, derramándose por lo
interior de ella, buscan al Rey por diversas
partes, matan á los que hallan dormidos ó
se les resisten, registran los escondrijos más
ocultos, fuerzan las puertas, y lo confunden
todo con el ruido y alboroto; cuando en este
tiempo fué hallado Hiempsal, que procuraba
ocultarse en la choza de una esclava, adonde
se habia retirado desde el principio, despavorido y sin saber dónde estaba. Los Númidas presentan su cabeza á Jugurta segun el
órden que tenian.

Divulgada en breve la noticia de tan atroz
maldad por toda la Africa, se apoderó un
gran miedo de Aderbal y de todos los antiguos vasallos de Micipsa. Divídense en dos
bandos los Númidas: el mayor número sigue
á Aderbal, los más guerreros á Jugurta. Este
arma cuanta más gente puede; agrega á su
imperio varias ciudades, unas por fuerza,

otras que voluntariamente se le entregan, y
en suma resuélvese á hacerse dueño de toda
la Numidia. Por otra parte, Aderbal, aunque
habia enviado á Roma sus mensajeros para
informar al Senado de la muerte de su hermano y del deplorable estado de sus cosas,
con todo eso, confiado en el mayor número
de tropas, se apercibia para resistirle con las
armas; pero habiéndose dado batalla, y siendo vencido en ella, tuvo que retirarse huyendo á la África proconsular, desde donde
pasó á Roma. Jugurta entónces, logrado ya
su intento, y despues que se vió dueño de
toda la Numidia, comenzó en su quietud á
reflexionar sobre su hecho y á temer al Pueblo romano; sin que hallase en cosa alguna
remedio contra su justo enojo, sino en la
avaricia de la nobleza, y su dinero. Y así,
dentro de pocos dias envia sus mensajeros á
Roma con gran copia de oro y plata, y con
encargo primeramente de regalar á manos
llenas á los amigos antiguos, ganar despues
á otros, y, últimamente, comprar á fuerza de
dones á cuantos más pudiesen, sin detenerse
en nada. Luego, pues, que llegaron los mensajeros, y, segun el órden que tenian de su
Rey, regalaron espléndidamente á sus hués-

pedes y camaradas, y á otros que en aquel tiempo tenian manejo en el Senado, se trocaron las cosas de tal suerte, que en un momento alcanzó Jugurta la gracia y el favor de la nobleza que ántes le aborrecia extremamente; hasta haber muchos que, inducidos por sus promesas ó sus dones, visitaban uno á uno á los Senadores y se empeñaban en que no se tomase resolucion fuerte contra él. Ya, pues, que los mensajeros vieron la cosa en buen estado, se señaló dia de audiencia á las dos partes. Entónces dicen que habló Aderbal de esta suerte:

«Padres Conscriptos: Micipsa, mi padre, al »tiempo de morir me hizo saber que no me »tuviese sino por administrador del reino de »Numidia, porque el dominio y la propiedad »de él eran vuestros. Encargóme tambien »que en paz y en guerra procurase con todo »empeño ser del mayor provecho que pu- »diese al Pueblo romano, y que os tuviese en »lugar de mis parientes y allegados; asegu- »rándome que si así lo hacía, tendria en »vuestra amistad ejército, riquezas, y mi »reino bien defendido. Cuando yo, pues, ob- »servaba cuidadosamente esta máxima, Ju- »gurta, hombre el más malvado de cuantos

»tiene el mundo, despreciando vuestra auto-
»ridad, me echó de mi reino y me despojó de
»todos mis bienes, siendo como soy nieto de
»Masinisa, y así, por linaje, confederado y
»amigo del Pueblo romano. Y á la verdad,
»Padres Conscriptos, ya que habia yo de lle-
»gar á este extremo de infelicidad, más qui-
»siera alegar servicios propios que los de
»mis mayores, para implorar con mejor dere-
»cho vuestra ayuda, y especialmente ser en
»esta parte acreedor del Pueblo romano, sin
»necesitar de su favor, y en caso de necesi-
»tarle, poderme valer de él como de cosa de-
»bida. Pero como la inocencia no tiene bas-
»tante apoyo en sí misma, ni podia yo jamás
»pensar cuán malo habia de ser Jugurta, por
»eso vengo á ampararme de vosotros, Padres
»Conscriptos, causándome dolor sumo seros
»ántes de carga que de provecho. Otros reyes
»fueron admitidos á vuestra amistad despues
»de vencidos en campaña, ó á lo más solicita-
»ron vuestra alianza cuando sus cosas cor-
»rian peligro; pero nuestra familia trabó
»amistad con el Pueblo romano en tiempo de
»la guerra de Cartago, en que más era apete-
»cida su buena fe que su fortuna. No consin-
»tais, pues, Padres Conscriptos, que siendo

»yo rama de esta familia y nieto de Masinisa,
»implore en vano vuestro socorro. Aunque
»no hubiese para esto más motivo que mi
»desgraciada suerte y el verme ahora pobre,
»desfigurado por mis trabajos y dependiente
»del favor ajeno, habiendo poco ántes sido un
»rey por sangre, fama y riquezas poderoso,
»sería muy propio de la majestad del Pueblo
»romano impedir que se me atropellase in-
»justamente y no consentir que reino alguno
»se acrecentase por medios tan inicuos. Pero
»yo, además de esto, he sido echado de aque-
»llas tierras que dió el Pueblo romano á mis
»antepasados, y de las que mi padre y mi
»abuelo, juntamente con vosotros, despose-
»yeron á Sifax y á los Cartagineses. Lo que
»vos me disteis, Padres Conscriptos, es lo que
»se me ha quitado de las manos, y así, vues-
»tra es, no ménos que mia, la injuria que pa-
»dezco. ¡Desdichado de mí! ¿Tal pago al fin
»tuvieron, padre mio Micipsa, tus beneficios,
»que aquel á quien tú igualaste con tus hijos
»y diste parte en tu reino, ese haya justa-
»mente de ser el exterminador de tu linaje?
»¿Qué, nunca ha de tener paz nuestra familia?
»¿Qué, hemos de andar siempre entre muer-
»tes, espadas y destierros? Miéntras los Car-

»tagineses estuvieron florecientes, nos era
»preciso sufrir cualquier trabajo: teníamos
»al enemigo al lado: vosotros, que nos po-
»diais socorrer, estabais léjos: toda vuestra
»esperanza pendia de las armas. Despues que
»aquella peste fué echada de África, vivíamos
»en paz con alegría y sin más enemigos que
»aquellos que vosotros queriais que tuviése-
»mos por tales. Pero héos ahí de repente á
»Jugurta, que con una avilantez y soberbia
»intolerables, despues de haber dado muerte
»á mi hermano, que era tambien su deudo, lo
»primero que hizo fué usurparle el reino en
»premio de su alevosía. Despues, viendo que
»no podia haberme á mí á las manos por los
»mismos infames medios de que se valió con-
»tra mi hermano, cuando en nada pensaba yo
»ménos que en guerra ó en que se me hi-
»ciese violencia, me obligó, como veis, á
»acogerme á vuestro Imperio y á abandonar
»mi patria, mi casa, pobre y lleno de traba-
»jos; de suerte que donde quiera esté más
»seguro que en mi reino. Yo siempre juzgué,
»Padres Conscriptos, segun se lo oí á mi pa-
»dre muchas veces, que los que cultivaban
»con esmero vuestra amistad, tomaban á la
»verdad sobre sí un peso muy gravoso; pero

»que en recompensa eran entre todos los que
»vivian más seguros. Lo que ha estado,
»pues, de parte de nuestra familia, es á sa-
»ber, el asistiros en todas vuestras guerras,
»lo hemos cumplido exactamente; toca ahora
»y pende de vosotros, Padres Conscriptos,
»nuestra seguridad en tiempo de paz. Nues-
»tro padre nos dejó á los dos hermanos, y nos
»dió otro con haber adoptado á Jugurta, cre-
»yendo que, obligado por sus beneficios,
»sería nuestro más estrecho allegado. Uno
»de los dos ha sido ya por él cruelmente
»muerto; el otro, que soy yo, con dificultad
»he podido escapar de sus manos. ¿Qué haré
»pues, ó adónde, infeliz de mí, mejor me aco-
»geré? Los apoyos que tenía en mi familia
»todos me han faltado. Mi anciano padre mu-
»rió, como era natural: á mi hermano quitó
»alevosamente la vida el pariente que más
»debiera conservársela: mis allegados, ami-
»gos, parientes y demas parciales han sido
»oprimidos de mil modos: los que Jugurta ha
»podido haber á las manos, parte han sido
»ahorcados, otros echados á las fieras; y los
»pocos que han quedado con vida, la pasan
»en obscuros calabozos, triste, llorosa y más
»amarga que la misma muerte. Aunque las

»cosas que he perdido, ó de favorables que
»eran se me han vueltos contrarias, estuvie-
»sen todas en su ser, no obstante eso, si me
»hubiera sobrevenido algun desastre repen-
»tino, imploraria yo vuestro favor, Padres
»Conscriptos, á quienes, por lo grande de
»vuestra autoridad, corresponde hacer que se
»guarde á cada uno su derecho y que los deli-
»tos se castiguen. Pero ahora, desterrado de
»mi patria, de mi casa, solo y necesitado de
»cuanto pide mi decoro, ¿adónde iré? ¿ó á quié-
»nes apelaré? ¿A las naciones ó á los reyes,
»siendo, como son, todos contrarios á mi fa-
»milia por causa de vuestra amistad? ¿Podré
»acaso ir á parte alguna donde no haya bas-
»tantes memorias de hostilidades hechas por
»mis mayores en obsequio vuestro? ¿ó se
»apiadará de mí quien haya algun tiempo
»sido vuestro enemigo? Finalmente, Masinisa
»nos crió con esta máxima, oh Padres Cons-
»criptos: que ninguna amistad cultivásemos
»sino la del Pueblo romano; que no hiciése-
»mos tratados ni alianzas nuevas, que harto
»bien defendidos estaríamos con ser vuestros
»amigos; y que si á vuestro Imperio fuese
»algun dia adversa la fortuna, pereciésemos
»todos á la par. Por vuestro valor y por el

»favor de los Dioses sois grandes y podero-
»sos; todo os es favorable, todo os obedece;
»por lo que podeis mejor tomar á vuestro
»cargo las injurias de vuestros aliados. Sólo
»una cosa temo, y es que la amistad particu-
»lar y encubierta que algunos mantienen
»con Jugurta, les haga dar al traves y apar-
»tar de lo justo; porque oigo que los tales se
»empeñan con el mayor ahinco, y os cercan
»é importunan uno á uno, á fin de que no to-
»meis providencia contra un ausente, sin
»pleno conocimiento de causa, y áun añaden
»que yo abulto con estudio mi desgracia, y
»hago del que huye, pudiéndome estar sin
»riesgo alguno en mi reino. Pero ojalá que
»vea yo fingir á aquel por cuya execrable
»maldad estoy reducido á estos trabajos, las
»mismas cosas que dicen que yo finjo; y que
»ó vosotros ó los Dioses inmortales muestren
»una vez que cuidan de las cosas humanas;
»para que de esa suerte el que hoy por sus
»maldades se ha hecho insolente y famoso,
»pague, atormentado cruelmente por todo
»género de castigos, la pena de su ingratitud
»contra nuestro padre, de la muerte de mi
»hermano y de los trabajos en que me ha
»puesto. Tú á lo ménos, oh hermano de mi

»alma, aunque perdiste tempranamente la
»vida, y á manos del que más la debiera
»defender, tienes en mi juicio más por qué
»consolarte que por qué llorar tu desgra-
»cia; pues aunque perdiste el reino junta-
»mente con la vida, te libraste con eso de
»verte huido, desterrado, pobre y cercado de
»los males que á mí ahora me oprimen; pero
»yo, infeliz, en medio de tantos trabajos,
»echado del reino de nuestros padres, vengo
»á ser hoy el espectáculo de las cosas huma-
»nas; sin saber qué hacerme, si vengar tus
»injurias en el tiempo que más necesito de
»socorro, ó pensar en recobrar mi reino,
»cuando pende el arbitrio de mi vida ó muer-
»te del poder ajeno. Ojalá que muriendo pu-
»diese yo dar honrado fin á mis infortunios,
»por no vivir despreciado, en caso que el
»peso de mis trabajos me obligue al fin á ce-
»der á la injuria. Pero ahora que áun el vivir
»me fastidia, y ni morir puedo sin afrenta,
»os ruego, Padres Conscriptos, por vuestro
»estado, por el amor que teneis á vuestros hi-
»jos y parientes, por la majestad del Pueblo
»romano, que me socorrais en mi desgracia,
»que os opongais al agravio que padezco, y
»no consintais que el reino de Numidia, que

»en propiedad es vuestro, se inficione y man-
»che por medio de una maldad con la sangre
»de nuestra familia.»

Habiendo acabado el Rey de hablar, los
mensajeros de Jugurta, confiando más en
sus dádivas que en la justicia de su causa,
responden brevemente: «que á Hiempsal le
»habian muerto los Númidas por su crueldad:
»que Aderbal, despues de haber movido de
»suyo la guerra, cuando se veia vencido se
»quejaba de que no habia podido atropellar á
»Jugurta: que éste pedia únicamente al Se-
»nado que no le tuviese por diferente de
»aquel Jugurta que habia experimentado en
»Numancia; ni creyese más que á sus obras,
»á las palabras de su enemigo.» Con esto se
salieron ambos de la corte, y el Senado comenzó luégo á tratar el negocio. Los que favorecian á los mensajeros, y otros muchos,
corrompidos con dinero, despreciaban las razones de Aderbal, ensalzaban el mérito de
Jugurta, y con ademanes, en voz, y por todos
los medios, se empeñaban tan eficazmente
por la maldad y delito ajeno, como pudieran
por su propia gloria. Pero, al contrario, algunos pocos que amaban más la equidad y
la justicia que el dinero, eran de parecer que

se debia socorrer á Aderbal, y castigar seve-
ramente la muerte de su hermano. Era el
principal de estos Emilio Scauro, hombre noble, resuelto, partidario, amigo de mando, de
honores y riquezas, pero que tenía grande
arte para ocultar sus vicios. Viendo éste la
publicidad y descaro con que regalaba el
Rey, y temiendo (como acontece en tales casos) no le hiciese odioso tan infame libertad,
contuvo en esta ocasion su avaricia.

Pero, no obstante eso, prevaleció en el Senado el partido de los que anteponian el favor ó el interes á la justicia. La resolucion
fué *enviar diez diputados para que dividiesen entre Aderbal y Jugurta el reino que habia
sido de Micipsa;* y entre éstos fué el primero
Lucio Opimio, varon ilustre, y entónces muy
acreditado en el Senado, porque siendo Cónsul, con la muerte de Cayo Graco y Marco
Fulvio habia vengado acérrimamente á la
nobleza de los insultos de la plebe. Jugurta,
aunque habia sido su amigo en Roma, pro-
curó además de esto esmerarse cuanto pudo
en su hospedaje; y á fuerza de dones y promesas consiguió al fin de él que sacrificase
su crédito, su fidelidad y sus cosas todas á la
conveniencia ajena. Del mismo medio se va-

lió para con los otros, y ganó á los más de ellos: pocos antepusieron su honor al interes. En la division, pues, que se hizo, la parte de Numidia contigua á la Mauritania, que era la más fértil y poblada, se adjudicó á Jugurta: la otra, en que habia más puertos y edificios, y que á la vista, aunque no en la realidad, era la mejor, fué dada en parte á Aderbal.

El asunto está pidiendo que expliquemos brevemente la situacion de Africa, y digamos algo de aquellas gentes con quienes tuvimos guerra, ó fueron nuestras aliadas; bien que de los sitios y regiones que, ó por lo excesivo del calor, ó por su aspereza y soledad, son poco frecuentadas de las gentes, no me será fácil contar cosas ciertas y averiguadas: lo demas procuraré explicarlo con cuanto más brevedad pueda.

En la division del globo de la tierra los más de los geógrafos dan á la Africa el tercer lugar. Algunos cuentan sólo á la Asia y Europa, en la que incluyen á la Africa. Esta confina por el occidente con el estrecho que divide á nuestro mar del Océano, y por la parte oriental con una gran llanura algo pendiente, á la que los del país llaman Catabatmo. El mar es borrascoso y de pocos puertos:

la campiña fértil de mieses y de buenos pastos; pero de pocas arboledas: escasa de fuentes y de lluvias: la gente de buena comple-
xion, ágil, dura para el trabajo, de suerte que
si no los que perecen á hierro, ó devorados
por las fieras, los más mueren de vejez, y es
raro á quien rinde la enfermedad. Abunda
además de esto la tierra de animales veneno-
sos. Acerca de sus primeros pobladores, y
los que despues se le juntaron, y del modo
con que se fundieron entre sí, aunque en la
realidad es cosa muy diversa de lo que real-
mente se cree, diré sin embargo brevísima-
mente lo que fué interpretado de ciertos libros escritos en lengua púnica, que decian
haber sido del rey Hiempsal, y lo que tienen
por tradicion cierta los habitadores del país;
bien que no pretendo más fe que la que me-
recen los que lo afirman.

En los principios habitaron la Africa los
Getúlos y Libios, gente áspera y sin cultura,
que se alimentaban con carne de fieras y con
las hierbas del campo, como las bestias. Estos no se gobernaban por costumbres ni por
leyes, ni vivian sujetos á nadie; ántes bien,
vagos y derramados, ponian sus aduares donde les cogia la noche. Pero despues que, se-

gun la opinion de los Africanos, murió en
España Hércules, su ejército, que se compo-
nia de varias gentes, ya por haber perdido
su caudillo, ya porque habia muchos competidores sobre la sucesion en el mando, se
deshizo en breve tiempo. De estas gentes,
los Medos, Persas y Armenios, habiendo pasado á Africa embarcados, ocuparon las tierras cercanas á nuestro mar; pero los Persas
se internaron más hácia el Océano, y tuvieron por chozas las quillas de sus barcos
vueltas al reves, por no haber madera alguna en los campos, ni facilidad de com-
prarla ó tomarla en trueque á los Españoles,
cuya comunicacion impedia el anchuroso
mar y la diversidad de idiomas. Fueron,
pues, los Persas uniéndose poco á poco á los
Getúlos por via de casamientos; y porque
mudaban muchas veces sitios, explorando
el que más les acomodaba para los pastos, se
intitularon Númidas. Aun hoy dia las casas
de los que viven por el campo, á que en su
lengua llaman Mapales, son prolongadas, y
tienen sus costillas en arco, á manera de
quillas de navíos. A los Medos y Armenios
se agregaron los Libios, que vivian cerca de
la costa del mar de Africa (los Getúlos, más

bajo de la influencia del sol y no léjos de sus ardores). Estas dos naciones tuvieron muy en breve pueblos formados; porque como solo las dividia de los Españoles una corta travesía de mar, se habian acostumbrado á permutar con ellos las cosas necesarias; y los Libios desfiguraron poco á poco su nombre, llamando á los Medos, en su lengua bárbara, Moros. Pero el Estado de los Persas se aumentó en breve tiempo; y despues, habiéndose muchos de ellos, con el nombre que habian tomado de Númidas, separado de sus padres á causa de su gran número, ocuparon las cercanías ó fronteras de Cartago, llamadas por esta razon Numidia; y ayudándose unos y otros entre sí, sujetaron á su imperio á sus comarcanos, ya con las armas, ya con el terror, y se hicieron ilustres y famosos, especialmente los que más se habian acercado á nuestro mar (porque los Libios son de suyo ménos guerreros que los Getúlos); y en fin, los Númidas vinieron á hacerse dueños de la mayor parte de la inferior Africa, pasando desde entónces los vencidos á ser y á llamarse como los vencedores.

Despues de esto, los Fenicios, parte á fin de aliviar á sus pueblos de la muchedumbre,

parte habiendo por su ambicion de mando
solicitado á la plebe, y otros deseosos de novedades, fundaron en la costa del mar á
Hipona, Adrumeto, Leptis, y otras ciudades;
las cuales, habiéndose aumentado mucho en
breve tiempo, vinieron despues á ser, unas
escudo, otras ornamento de los pueblos de
donde descendian; y esto sin hablar de Cartago, lo que es mejor que haberme de quedar
corto, pues me llama el tiempo á tratar de
otro asunto. De la parte, pues, del Catabatmo,
que es el linde que divide á Egipto de Africa,
siguiendo la costa, se halla lo primero Cirene,
colonia de los Tereos: despues las dos Sirtes,
y entre ellas la ciudad de Leptis: luégo las
aras de los Filenos, término que era del imperio de Cartago por la parte que mira á
Egipto: más adelante otras ciudades cartaginesas. El resto hasta la Mauritania lo
ocupan los Númidas. Los Mauritanos son los
más cercanos á España. Sobre la Numidia,
tierra adentro, se dice que habitan los Getúlos, parte en chozas, parte vagos y á la
inclemencia, y sobre éstos los Etíopes; y que
despues se encuentran tierras desiertas y
abrasadas por los ardores del sol. En tiempo,
pues, de la guerra de Jugurta, el Pueblo ro-

mano administraba las más de las ciudades cartaginesas y las fronteras de su imperio, que habia recientemente ocupado, por medio de Magistrados que enviaba. Gran parte de los Getúlos y los Númidas hasta el rio Muluca obedecian á Jugurta: los Mauritanos todos al rey Boco, que no conocia al Pueblo romano sino por el nombre; ni ántes de esto, en paz ni en guerra, teníamos nosotros de él noticia alguna. De la Africa y sus habitadores creo haber dicho lo que basta para mi propósito.

Despues que, dividido el reino, se partieron los diputados de Africa; y Jugurta, en lugar del castigo que recelaba, se vió premiado por su maldad, reconociendo por experiencia cuán cierto era lo que en Numancia habia oido á sus amigos, es á saber, que en Roma todo se vendia; y engreido con las promesas de aquellos á quienes poco ántes habia llenado de dones, aspiró al reino de Aderbal, cosa para él muy fácil, siendo como era fuerte y belicoso, y á quien invadia, quieto, pacífico, de genio blando, á propósito para ser injuriado, y ántes medroso que temible. Acometiendo, pues, de repente con buen número de tropa á sus fronteras, cautiva á muchas gentes, róbales sus ganados y hacienda, pone fuego á sus casas, entra por varias partes con su caballería haciendo grandes daños, y despues se retira con todo el ejército á su reino, creyendo que Aderbal con el dolor de la injuria querria tomar satisfaccion de ella con las armas, y que esto daria ocasion para la guerra. Pero Aderbal, ya porque se contemplaba desigual en fuerzas, ya porque confiaba más en la alianza con el Pueblo romano que en los Númidas, envia sus mensajeros á Jugurta para que se quejen del agravio, y aunque la respuesta con que volvieron fué una nueva afrenta para Aderbal, resolvió éste sufrirla, y pasar por todo, á trueque de no volver á una guerra cuyo ensayo le habia salido mal. Pero ni esto apagó la ambicion de Jugurta, el cual ya en su idea se contemplaba dueño absoluto de todo aquel reino; y así, no ya con una partida de gente destinada á correrías, como ántes, sino con grande ejército, comienza á hacer la guerra y pretender declaradamente el dominio de toda la Numidia; y asolando, talando y saqueando los pueblos y campiñas por donde pasaba, añadia ánimo á los suyos y espanto á sus enemigos.

Aderbal, cuando vió que las cosas habian llegado á un término que, ó bien era necesario desamparar el reino, ó mantenerle con las armas; obligado de la necesidad, junta sus tropas, y sale al encuentro á Jugurta. Acamparon los dos ejércitos en las vecindades del pueblo de Cirta, no léjos del mar; y porque queria ya anochecer, no se dió entónces la batalla. Pasado lo más de la noche, áun entre sombras y alguna escasa luz, los soldados de Jugurta, dada la señal, acometen los reales de los enemigos, ahuyentan y desbaratan á unos que estaban medio dormidos, y á otros que tomaban las armas. Aderbal con pocos caballos se acogió á Cirta; y si no hubiera sido por la muchedumbre de los del pueblo, que apartaron de sus murallas á los Númidas que le seguian, en un mismo dia se hubiera entre los dos Reyes comenzado y acabado la guerra. Visto esto por Jugurta, sitia al pueblo, le estrecha con trincheras, torres y máquinas de todos géneros, dándose gran prisa para ganarle ántes que volviesen de Roma los mensajeros que sabía haber enviado Aderbal ántes de la batalla. Cuando el Senado tuvo noticia de esta guerra, envió á Africa tres sujetos de poca

edad, con órden de que viesen á los dos Reyes y les notificasen de parte del Senado y
Pueblo romano, «que dejasen desde luego las
»armas; que era su determinacion y volun-
»tad, y lo que debia mandar y ellos hacer.»

Los Enviados se dieron gran prisa para
llegar á Africa, porque ya en Roma, cuando
estaban de partida, comenzaba á susurrarse
la pasada batalla y la toma de Cirta; pero
eran sólo rumores vagos. Jugurta, habiendo
oido su embajada, respondió: «que para él no
»habia en el mundo cosa mayor, ni de más
»aprecio que la autoridad del Senado: que
»desde su juventud habia procurado portarse
»de suerte que todos los buenos aprobasen su
»conducta: que por ella, y no con engaños, se
»habia conciliado el amor de un varon tan
»ilustre como Publio Scipion: que la misma
»razon habia tenido Micipsa para adoptarle,
»y no por falta que tuviese de hijos; pero que
»por lo mismo que vivia satisfecho de su buen
»porte y su valor, no sabía ni podia sufrir
»que nadie le injuriase: que Aderbal habia
»maquinado contra su vida, y que sabido esto
»por él, se habia opuesto á su maldad: que el
»Pueblo romano no obraria con justicia ni
»equidad si le impedia que para su defensa

»usase del derecho de las gentes; y última-
»mente, que él enviaria en breve sus men-
»sajeros á Roma para que informasen de
»todo.» Con esto se disolvió el congreso, sin
que los Enviados pudiesen hablar á Aderbal.

Jugurta, cuando hizo juicio que habrian ya
partido de Africa, reconociendo que á fuerza
de armas le era imposible ganar á Cirta por
lo fuerte de su situacion, cércala formal-
mente con su vallado y foso, levanta torres
alderredor, y las guarnece con su tropa: no
cesa ni de dia ni de noche de inquietarla con
asaltos y ardides militares: ofrece unas veces premios, otras amenaza á los sitiados:
exhorta y anima á los suyos á que se porten
con valor; y puesto del todo en la conquista,
nada omite de cuanto cree conducente á ella.
Aderbal, viendo sus cosas en el último apuro, que su enemigo era implacable, que ni
habia esperanza de socorro, ni la ciudad podia largo tiempo defenderse por falta de lo
necesario, escoge entre los que se habian re-
fugiado con él en Cirta dos, los que le pare-
cieron más resueltos; y á fuerza de promesas, y de hacerles presente su desgracia,
logra y se asegura de ellos, que atravesando
las trincheras de los enemigos, harán por

llegar de noche á la vecina playa, y de allí pasarán á Roma.

Cúmplenlo en pocos dias los Númidas, y léese en el Senado la carta de Aderbal, que en sustancia decia así:

«No es culpa mia, oh Padres Conscriptos, si »os importuno con mis ruegos. Oblígame á »ello la violencia de Jugurta, el cual está tan »empeñado en que yo muera, que ni vues- »tro respeto, ni los Dioses imortales le detie- »nen, y sobre cuanto hay en el mundo desea »derramar mi sangre. Cinco meses há que »me tiene sitiado, no obstante ser aliado y »amigo del Pueblo romano, sin que me val- »gan los beneficios que recibió de mi padre »Micipsa, ni vuestros decretos, y sin poder »decir si me estrecha más por hambre que »con las armas. Más os diria de Jugurta, si »no me retrajese mi desgracia y el tener ex- »perimentado ántes de ahora que son poco »creidos los infelices. Sólo sé que aspira á »más que á mi vida, y que conoce bien que »quitarme el reino y ser al mismo tiempo »vuestro amigo, es imposible. Lo que piensa, »pues, nadie lo ignora. Al principio mató »alevosamente á mi hermano Hiempsal, des- »pues me echó del reino de mis padres. Nues-

»tras injurias privadas nada os tocan. Pero
»hoy ocupa con sus armas vuestro reino, y á
»mí, á quien vosotros hicisteis Gobernador
»de Numidia, me tiene sitiado estrechamen-
»te. Cuán poco caso ha hecho de vuestros
»Legados, lo manifiesta el sumo riesgo en
»que me hallo. ¿Qué resta, pues, para conte-
»nerle sino vuestras armas? Cuanto os digo,
»y cuantas quejas he dado ántes de ahora al
»Senado, quisiera yo que fuesen pondera-
»ciones, y que no las hiciese creibles mi des-
»gracia. Pero pues he nacido para que en mí
»hiciese Jugurta ver al mundo sus maldades,
»no pretendo ya libertarme de la muerte ni
»de otros trabajos, sí sólo de caer en manos
»de mi enemigo y de ser cruelmente ator-
»mentado. Del reino de Numidia, supuesto
»que es vuestro, disponed como os parezca,
»con tal que me saqueis de las crueles gar-
»ras de Jugurta, como os lo pido por la ma-
»jestad de vuestro Imperio y por la fe de
»nuestra alianza, si queda aún en vosotros
»alguna memoria de mi abuelo Masinisa.»

Leida esta carta en el Senado, hubo pareceres de que cuanto ántes se enviase ejército
á Africa en socorro de Aderbal, y que entre
tanto se viese qué deberia hacerse de Jugur-

ta, por no haber obedecido á los Legados.
Pero los antiguos valedores del Rey se opusieron con el mayor empeño á esta resolucion; y así prevaleció el privado interes al
público bien, como sucede frecuentemente
en los negocios. No obstante esto, se enviaron á Africa algunos nobles de edad provecta y que habian obtenido empleos grandes, y entre ellos aquel Marco Scauro de
quien se habló ántes, Cónsul que habia sido,
y que á la sazon era Príncipe del Senado.
Estos, ya porque veian irritados los ánimos,
ya importunados por los dos Númidas, se
embarcaron al tercer dia, y habiendo llegado
brevemente á Utica, escriben á Jugurta *que
pase allá al instante, que tienen que hablarle
de parte del Senado.* Cuando Jugurta supo
que habian venido unos hombres tan ilustres, cuya autoridad sabía ser grande en
Roma, para oponerse á sus designios, al
principio se alteró mucho, fluctuando entre
el miedo y la ambicion. Temia por un lado
la ira del Senado, si no obedecia á los Legados; por otro, su ánimo, ciego de pasion, le
arrebataba á llevar adelante su malvado intento. Pero al fin venció en su ambicioso genio la depravada resolucion. Empéñase, pues,

con el mayor esfuerzo en tomar á Cirta por
asalto, atacándola á un tiempo con su ejército por todas partes, con la esperanza de
que, dividida tambien la guarnicion, hallaria
el momento favorable para la victoria, ya
fuese por fuerza, ó por medio de algun ardid
militar. Pero saliéndole al reves, y viendo
que no podia lograr su intento de apoderarse
de Aderbal ántes de ver á los Legados, temeroso de irritar con más dilaciones á Scauro, á quien temia en extremo, váse á la
provincia de los Romanos con pocos de á
caballo. Y aúnque de parte del Senado se le
amenazó terriblemente si no desistia del sitio, despues de malgastada una larga conferencia, se fueron los Legados sin concluir
nada.

Luego que esto se supo en Cirta, los Italianos de la guarnicion, por cuyo esfuerzo se
habia entónces defendido la ciudad, confiados en que si se entregaban, no se les haria
agravio por respeto á la grandeza del Pueblo
romano, aconsejan á Aderbal que se entregue, y entregue la ciudad á Jugurta, sin
más condiciones que la vida, diciéndole que
de lo demas cuidaria el Senado. Aderbal,
aunque en ninguna cosa del mundo fiaba

ménos que en las palabras de Jugurta, como
veia que los Italianos mismos que le aconse-
jaban así, podrian, si lo repugnaba, obligarle
á ello, tuvo que conformarse con su parecer,
é hizo la entrega. Jugurta, ante todo, quita
la vida á Aderbal, habiéndole cruelmente
atormentado: despues pasa á cuchillo á todos
los Númidas de catorce años arriba, y á los
mercaderes indistintamente, segun se iban
presentando á sus soldados.

Sabida esta novedad en Roma, y habiéndose comenzado á tratar de ella en el Senado, los valedores del Rey, que ántes dijimos, mezclando otros asuntos y ganando
tiempo, ya por el favor que lograban, ya con
altercaciones y porfías, procuraban suavizar
la atrocidad de su delito; de suerte que si no
fuera por Cayo Memio (nombrado para el siguiente año Tribuno de la plebe), hombre de
resolucion y enemigo del poder de la nobleza, el cual hizo ver al Pueblo romano, *que
por la negociacion de algunos sediciosos se trataba de dejar sin castigo á Jugurta*, sin duda
alguna se hubiera desvanecido todo el aborrecimiento que le tenian, con sólo ir alar-
gando las deliberaciones y consultas: tal era
la fuerza del favor y de su dinero. Pero el

Senado, entrando en temor del Pueblo, por lo que le acusaba su conciencia, resolvió que, segun la ley Sempronia, se encargase el gobierno de las provincias de Numidia y de Italia á los Cónsules que habian de elegirse para el año venidero. Fueron estos Publio Scipion Nasica y Lucio Bestia Calpurnio, de los cuales á éste tocó por suerte la Numidia, y al primero la Italia. Alístase despues de esto él ejército que habia de pasar á África, decrétase la paga militar, y lo demas necesario para la guerra.

Pero Jugurta, habiendo recibido esta noticia contra lo que esperaba, por haberse fijado en el pensamiento de que en Roma todo se vendia, envia por mensajeros al Senado á un hijo suyo y á dos de sus confidentes, con órden «de que procuren ganar por dinero á »toda suerte de gentes,» como habia hecho en la muerte de Hiempsal. Cuando éstos se iban acercando á Roma, juntó Bestia el Senado para tratar *si convendria ó no que entrasen en la ciudad;* y se resolvió, «que si no »venian á entregar el reino y al mismo Ju- »gurta, saliesen de Italia dentro de diez »dias.» Manda notificarlo el Cónsul á los Númidas por órden del Senado, y así tuvieron

que volverse á sus casas sin hacer nada. Entre tanto, Calpurnio, estando ya el ejército á
punto, elige por asociados á algunos hombres nobles y de séquito, cuya autoridad le
defendiese, si en algo delinquia. Uno de estos fué aquel Scauro cuyo genio y costumbres se dijeron ántes: porque á la verdad
nuestro Cónsul estaba adornado de muchas
bellas prendas de ánimo y de cuerpo, sólo
que su avaricia lo echaba á perder todo. Era
sufridor de los trabajos, de ingenio perspicaz,
de bastante prudencia, perito en el arte militar, y de gran presencia de ánimo en los
peligros y asechanzas. Las legiones se enca-
minaron por Italia á Regio, desde donde pasaron á Sicilia, y de allí á África. Calpurnio
en los principios, dispuesto lo necesario, entró con gran furia en Numidia, cautivando
mucha gente, y tomando algunas ciudades á
fuerza de armas.

Pero apénas le representó Jugurta por medio de sus mensajeros la dificultad de la guerra de que estaba encargado, y le tentó con
dinero, aquel ánimo propenso á la avaricia se
trocó enteramente. Ni lo hizo mejor Scauro,
á quien habia elegido por su compañero y
confidente en todos los negocios. Porque,

aunque primero, estando ya cohechados los más de los suyos, se opuso acérrimamente á los designios del Rey, la suma grande que se le ofrecia vino al fin á corromperle y desviarle de la justicia y del honor. Jugurta en los principios no solicitaba sino largas, confiando que entre tanto conseguiria en Roma algo por el favor ó por su dinero. Pero cuando supo que tambien Scauro tenía parte en la negociacion, entrando en grande esperanza de alcanzar la paz, se resolvió á tratar con ellos por sí mismo cuanto hubiese de estipularse. A fin, pues, de que lo pudiese ejecutar sobre seguro, envió ántes el Cónsul al cuestor Sextio á Vaca, ciudad de Jugurta, con pretexto de que iba por cierto trigo que Calpurnio, en presencia de todos, habia mandado aprontar á los diputados de ella; porque miéntras se efectuaba la entrega, habian cesado las hostilidades. Vino, pues, el Rey á nuestro campo, segun habia determinado; y habiendo en público hablado muy poco en disculpa de su hecho, y acerca de entregarse, el resto de la conferencia lo tuvo á solas con Bestia y con Scauro; y al dia siguiente, habiéndose tomado los pareceres del Consejo tumultuariamente y sin formalidad

alguna, se entrega al Cónsul; y segun lo que
se le habia mandado, pone en poder del
cuestor treinta elefantes, cantidad de ganado y de caballos; pero dinero poco. Pártese
Calpurnio á Roma á la eleccion de magistrados, en cuyo intermedio en Numidia y nuestro ejército hubo paz.

Divulgadas las cosas de Africa, y el modo
como habian pasado, no se hablaba en Roma
sino del hecho del Cónsul en todos los lugares y corrillos: la plebe estaba sumamente
irritada: los Senadores cuidadosos, y sin saber si aprobarian una maldad tan grande, ó
darian por el pié á la capitulacion; pero les
detenia mucho para que obrasen en razon y
justicia el poder de Scauro, porque se decia
que no sólo era cómplice con Bestia, sino el
que le habia dado este consejo. Pero Cayo
Memio, de cuyo genio libre y poco afecto al
poder de la nobleza se habló ántes, entre estas dudas é irresoluciones del Senado no cesaba en los concursos de exhortar al Pueblo á
que tomase satisfaccion. Persuadíales que no
desamparasen la República, ni su libertad:
poníales delante muchos desprecios y crueldades que habia usado con ellos la nobleza; y
puesto de todo punto en este empeño, no omi-

tia medio de inflamar los ánimos de la plebe.
Pero porque en aquel tiempo era muy cele-
brada y tenía gran séquito en Roma su elocuencia, he tenido por conveniente poner
aquí una de sus muchas oraciones; y especialmente la que en presencia de un gran
concurso dijo al regreso de Bestia, en estos
términos:

«Muchas cosas me ponen á punto de aban-
»donaros, oh Quirites, si no prevaleciera á
»todo mi amor á la República: el poder de los
»nobles, vuestra tolerancia, la falta entera de
»justicia, y especialmente el ver que la ino-
»cencia está muy expuesta, en vez de ser
»premiada. No tengo valor para acordaros la
»burla que en estos quince años han hecho de
»vosotros algunos insolentes; cuán indigna y
»cuán impunemente han hecho morir á vues-
»tros defensores; cuánto os habeis dejado
»corromper de la pereza y flojedad: vosotros,
»digo, que áun hoy, que veis caidos á vues-
»tros enemigos, no sabeis aprovecharos, y
»estais temiendo á los mismos á quienes de-
»bierais causar terror. Pero aunque sea esto
»así, yo no sé ni puedo dejar de oponerme al
»poder de la coligacion. A lo ménos, haré ver
»que mantengo la libertad que heredé de mis

»padres. Que lo haga ó no con fruto, pende
»de vosotros, oh Quirites. Ni esto es deciros
»que vengueis con las armas vuestro agra-
»vio, como hicieron muchas veces vuestros
»mayores. No es necesaria fuerza ni tumul-
»to. Sin nada de esto, es preciso, segun
»obran, que ellos mismos se precipiten.
»Muerto Tiberio Graco, á quien achacaron
»queria alzarse con el reino, se procedió en la
»pesquisa con el mayor rigor contra la plebe
»romana. Despues que mataron á Cayo Gra-
»co y á Marco Fulvio, perecieron asimismo
»en la cárcel muchos de vuestro estado, sin
»que ley alguna contuviese en uno ni en
»otro lance á los autores, hasta que, hartos
»de sangre, lo dejaron de suyo. Pero doy que
»el haber Tiberio Graco querido reponer á la
»plebe en sus derechos fuese aspirar al reino:
»doy que se derramase justamente la sangre
»de los ciudadanos, si no habia otro medio de
»contenerles. No hago mérito de esto. Los
»años pasados mirabais con dolor, pero sin
»atreveros á hablar palabra, que se robaba el
»Erario, que los reyes y los pueblos libres
»eran tributarios de algunos de los nobles:
»que en ellos estaban estancadas las mayores
·honras y riquezas. Ahora, pareciéndoles poco

»el haber hecho esto impunemente, por re-
»mate de todo han puesto vuestras leyes,
»vuestra majestad, lo sagrado y lo profano en
»poder de nuestros enemigos. Ni se aver-
»güenzan ó arrepienten de ello los autores; án-
»tes bien, pasan por delante de vosotros muy
»ufanos, haciendo alarde de los sacerdocios,
»de los consulados, y algunos de sus triunfos,
»como si esos fuesen justo galardon de su mé-
»rito, y no fruto de sus usurpaciones. Los
»siervos comprados con dinero no sufren el
»dominio injusto de sus amos; ¿y vosotros,
»Quirites, nacidos para el mando, sufrireis
»con paciencia tan dura servidumbre? ¿Mas
»quiénes creeis que sean estos que se han
»alzado con la República? Unos hombres lle-
»nos de maldades, sanguinarios, avaros sin
»término, y en sumo grado dañosos é inso-
»lentes; hombres que hacen granjería de su
»palabra, de su honor, de la religion, y úl-
»timamente de todo lo honesto, y de todo
»lo que no lo es. Parte de ellos afianza
»su seguridad en haber muerto á vuestros
»tribunos, otros en haberos injustamente
»atormentado, y los más en haber hecho en
»vosotros una cruel carnicería: de suerte que
»el que más daño os hizo, ese vive más se-

»guro. El miedo que debieran tener por sus
»maldades le han trasladado á vuestra inac-
»cion y flojedad; y el haberse unido, es por-
»que desean, aborrecen y temen todos unas
»mismas cosas; pero esta union entre buenos
»es amistad, entre malos partido. Y á la ver-
»dad, si vosotros miraseis tanto por vuestra
»libertad como ellos por adelantar su despo-
»tismo, no estaria, como está hoy, desolada
»la República, y obtendrian vuestros em-
»pleos no los más osados, sino los más dignos.
»Vuestros mayores, á fin de recobrar sus de-
»rechos y sostener la majestad del Imperio,
»tomaron en dos ocasiones las armas, y sepa-
»rándose del resto de los ciudadanos, ocupa-
»ron el monte Aventino; ¿y vosotros no habeis
»de trabajar con el mayor empeño por man-
»tener la libertad que de ellos recibisteis?
»Y esto con tanto más ardor, cuanto el perder
»las cosas ya adquiridas es mayor afrenta
»que el no haberlas jamás solicitado. Pero
»me preguntará alguno de vosotros: ¿qué
»debemos hacer? ¿Qué? Procurar que se cas-
»tiguen los que han vendido infamemente al
»enemigo la República; pero esto no con
»mano armada, ni con violencia (lo que aun-
»que ellos tenian bien merecido es cosa in-

»digna de vosotros), sino á fuerza de cuestiones
»y torturas, y por la declaracion del mis-
»mo Jugurta; el cual, si se ha rendido y en-
»tregado de buena fe, como ellos dicen, sin
»duda hará cuanto le mandáreis; pero si re-
»husa obedecer, entónces, entónces conoce-
»reis cuál sea el fondo de aquella paz y de
»aquella entrega de que no hemos visto otro
»fruto sino quedar Jugurta sin castigo, en-
»riquecerse mucho algunos poderosos, y per-
»judicarse y cubrirse de oprobio la Repú-
»blica. Si ya no es que no estais aún hartos
»de sufrir su tiranía, y que mal hallados con
»estos tiempos, gustais más de aquellos en
»que los reinos, las provincias, las leyes, los
»derechos, los tribunales, la paz, la guerra, y
»últimamente todo lo divino y lo humano es-
»taba en poder de algunos pocos; y vosotros,
»esto es, el Pueblo romano, jamás vencido por
»los enemigos, y dueño del mundo, os con-
»tentabais con que os dejasen vivir. Porque,
»hablando por la verdad, ¿quién de vosotros
»tenía valor para rehusar la servidumbre?
»Yo, pues, aunque juzgo que para un hom-
»bre honrado es cosa en sumo grado vergon-
»zosa recibir agravio y no tomar satisfac-
»cion; con todo eso, llevaria bien que perdo-

»naseis á estos hombres llenos de maldades,
»sólo porque son ciudadanos, si la piedad
»que con ellos se use no hubiese de redundar
»en vuestro daño. Porque, segun es su inso-
»lencia, no se contentarán con el mal que
»hasta ahora impunemente han hecho, si no
»les quitais la libertad de continuarlo; y vos-
»otros vivireis en un perpétuo sobresalto
»desde el punto en que echeis de ver que os
»es preciso servir ó mantener vuestra liber-
»tad á fuerza de brazos. Porque ¿qué espe-
»ranza puede haber de buena fe ó de acomo-
»damiento? Ellos quieren dominar; vosotros
»ser libres: ellos hacer injuria; vosotros
»impedirla: tratan, finalmente, á vuestros
»aliados como á enemigos, y á éstos como
»si fueran aliados. ¿Puede acaso haber paz ó
»amistad en tan encontrados pareceres? Por
»esto os exhorto y amonesto que en ninguna
»manera dejeis tan gran maldad sin castigo.
»No se trata aquí de haber robado el Erario,
»ni de haber quitado violentamente la ha-
»cienda á vuestros aliados (cosas que, aunque
»tan enormes, han venido ya con la costum-
»bre á tenerse en nada), sino de haber ven-
»dido la autoridad del Senado, de haber ven-
»dido vuestro Imperio al enemigo más terri-

»ble. En paz y en guerra ha sido puesta en »precio la República. Si esto, pues, no se in- »quiere, si no se castigan los culpados, ¿qué »restará sino que vivamos perpétuamente es- »clavos de ellos? Porque, ¿qué otra otra es ser »rey, sino hacer lo que se quiere impune- »mente? Ni os digo con esto, oh Quirites, que »por vengaros querais más que vuestros ciu- »dadanos se hallen culpados que inocentes; »sí solo que no oprimais á los buenos, per- »donando á los malhechores. Fuera de que »en un Estado es mucho menor inconvenien- »te el dejar sin galardon los hechos ilustres, »que sin castigo los delitos; porque el bueno, »si no es premiado, lo más que hace es enti- »biarse; el malo, si no se castiga, se empeora. »Y en fin, si no hubiese agravios, ni habrá »tampoco necesidad de recursos para que se »reparen.»

Con estos y otros tales razonamientos que Cayo Memio hacía frecuentemente al Pueblo, le persuadió á que se enviase Lucio Casio, que á la sazon era Pretor, á Jugurta, y le trajese consigo á Roma bajo la fe pública, á fin de descubrir más fácilmente por su de- claracion el delito de Scauro y de los demas, á quienes acusaban de haberse dejado cohechar. Miéntras pasaba esto en Roma, los que Bestia habia dejado en Numidia con el mando del ejército, cometieron, á ejemplo de su General, muchos y muy enormes excesos. Hubo entre ellos quien, sobornado por Jugurta, le volvió sus elefantes; otros que le vendieron sus desertores, y muchos que hacian robos y correrías en los pueblos con quienes teníamos paz: tal era la avaricia que como un contagio se habia apoderado de los ánimos de todos. Pero el pretor Casio, habiéndose hecho el plebiscito, segun la proposicion de Cayo Memio, lo que puso en consternacion á toda la nobleza, se parte para Jugurta; y viéndole temeroso y desconfiado por su mala conciencia del buen éxito de sus cosas, le induce «á que no »quiera más experimentar la fuerza que la »clemencia del Pueblo romano, una vez que »se le habia ya rendido.» Dale además de esto su palabra, que aunque privada, no la estimaba él ménos que la pública: tal era en aquel tiempo la buena opinion que se tenía de Casio.

Viene, pues, Jugurta á Roma en traje muy poco correspondiente á su real decoro; y aunque de suyo era hombre de gran pecho,

confortado más y más por todos aquellos á
cuya sombra habia ejecutado las maldades
que arriba dijimos, gana con gran suma de
dinero á Cayo Bebio, tribuno de la plebe, para
que su avilantez le asegure contra cualquiera
resolucion, justa ó injusta. Pero habiendo
Cayo Memio llamado á junta, no obstante
que la plebe aborrecia mucho al Rey, y algunos querian que se le prendiese, y otros
que segun la costumbre de los mayores se le
impusiese pena capital como á enemigo público, si no descubria los cómplices de su maldad, teniendo más consideracion al propio
decoro que á desahogar su enojo, procuraba
apaciguar el tumulto, ablandar los ánimos
y protestar que la fe pública sería por su
parte inviolablemente guardada. Pero luego
que cesó el clamor, sacando á Jugurta al público, toma la palabra, cuenta muy por menor los males que ha ejecutado en Roma y
en Numidia, hace ver á todos su crueldad
contra su padre y hermanos, y vuelto á él,
le dice: «que aunque el Pueblo romano sabe
»bien quiénes le han ayudado y favorecido
»para ello, quiere sin embargo asegurarse
»más, y oirlo de su boca: que si declara la
»verdad, puede con gran fundamento pro-

»meterse mucho de la buena fe y clemencia »del Pueblo romano; pero si la oculta, no »salvará á sus cómplices, y él se perderá, y »malogrará todas sus esperanzas.»

Habiendo concluido Memio, y dicho á Jugurta que diese sus descargos, Cayo Bebio, tambien tribuno de la plebe, que como se dijo ántes estaba cohechado, mándale callar. Y aunque la muchedumbre que se hallaba presente, en gran manera irritada, le atemorizaba con gritos, con lo airado de sus rostros, y muchas veces con ademanes de insultarle, y lo demas que suele dictar la ira, prevaleció, no obstante eso, la desvergüenza; y así el Pueblo se retiró burlado de la junta, y Jugurta, Bestia y los demas á quienes tenía aquella disputa cuidadosos, cobraron grande ánimo.

Hallábase á la sazon en Roma cierto Númida llamado Masiva, hijo de Gulusa, y nieto de Masinisa, el cual porque en la discordia de los Reyes habia sido del partido contrario de Jugurta, luego que se entregó Cirta y fué muerto Aderbal, se escapó huyendo de Africa. Spurio Albino, que en compañía de Quinto Minucio Rufo habia sucedido á Bestia en el Consulado, induce á este hombre á que se

querelle de Jugurta, procurando hacerle
odioso y temible por sus maldades; y supuesto
que él es de la línea de Masinisa, pida para
sí al Senado el reinado de Numidia. Estaba
el Cónsul (á quien habia tocado por su suerte
esta provincia, como á su compañero la de
Macedonia) deseoso de hacer la guerra; y así
queria que las cosas se revolviesen y no se
dejasen enfriar. Entablada por Masiva la pretension, y no teniendo Jugurta en sus amigos bastantes fuerzas para rebatirla (porque
unos por su misma conciencia, otros por
temor de desacreditarse, ó por su cobardía
no se atrevian á sacar la cara), manda á Bomilcar, su deudo y confidente íntimo, «que
»con dinero, como habia negociado otras
»cosas, busque asesinos que secretamente,
»si ser pudiese, y si no, de cualquier modo,
»quiten la vida á Masiva.» Bomilcar obedece
prontamente; y valiéndose de sujetos abo-
nados para tales máquinas, explora menudamente los pasos y entradas y salidas de Masiva, los sitios y momentos oportunos para
su intento, y apuesta, segun el caso lo pedia, los agresores. Uno de éstos, acometiendo
inconsideradamente á Masiva, le mata; y
siendo cogido en fragante, descubre, á per-

suasion de muchos, y especialmente del cónsul Albino, quién le ha inducido á ello. Hácesele causa á Bomilcar, más por pedirlo así la natural razon y equidad, que por el derecho de las gentes, pues habia venido á Roma acompañando á uno que tenía salvaguarda pública. Pero Jugurta, aunque reo notorio de tan gran delito, no cesó de porfiar negándolo, hasta que echó de ver que el aborrecimiento que este hecho le habia conciliado sobrepujaba á su favor y á su dinero.

Y así, aunque en la primera acusacion de Bomilcar le habia afianzado con cincuenta de sus amigos, como su mira única era el reino, los abandonó del todo, y despachó ocultamente al reo á Numidia, receloso de que si le quitaban la vida en Roma, sus vasallos entrarian en temor de obedecerle; y él mismo le siguió de allí á pocos dias, por haberle mandado el Senado salir de Italia. Ya fuera de Roma, dicen que volvió á ella el rostro muchas veces, sin hablar palabra; pero que al fin prorumpió diciendo: *¡oh ciudad venal! ¡Cuán poco durarias, si hallases comprador!*

Albino, entre tanto, habiéndose renovado la guerra, se da gran prisa en trasportar á África víveres, pagas y lo demas necesario

para ella; y pasa allá al instante con ánimo
de acabarla, si ser pudiese, bien por fuerza,
ó por negociacion, ó de otra suerte, ántes del
dia de los comicios, que no estaba muy léjos.
Pero al contrario, Jugurta todo era dar largas,
buscar para ello cada dia nuevos pretextos,
prometer que se entregaria, y luégo aparen-
tar miedo, ceder si se le estrechaba, y poco
despues volver sobre los nuestros, á fin de que
no desmayasen sus soldados. De esta suerte,
mostrando unas veces querer guerra, otras
paz, burlaba y entretenia al Cónsul. Ni faltó
quien ya entónces sospechase que Albino tenía inteligencia con el Rey; porque parecia
increible que la gran prisa que manifestó en
los principios se hubiese, sin estudio y por
sola flojedad, trocado tan presto en otra tanta
lentitud. Pero ya que con el curso del tiempo
se acercaba el dia de los comicios, fuése Albino á Roma, dejando á su hermano Aulo el
mando del ejército en calidad de Propretor.

Hallábase á la sazon atrozmente combatida
la República con los alborotos de los tribunos
de la plebe. Publio Luculo y Lucio Anio, que
obtenian este magistrado, estaban empeñados en que habian de continuar en él, á pesar
de sus compañeros, cuya contienda impedia

los comicios de todo el año. Lisonjeado, pues, el propretor Aulo de que entre estas dilaciones, ó acabaria la guerra, ó el Rey, á trueque de evitarla, pondria en sus manos alguna gruesa suma, saca á los soldados de sus cuarteles en mitad de Enero, y á grandes jornadas, en lo más riguroso del invierno, llega á la ciudad de Sutul, donde el Rey tenía sus tesoros, la cual, aunque por lo crudo de la estacion y por la fortaleza de su sitio ni ganarse ni áun sitiarse podia (porque alderredor de la muralla, construida en la cima de un monte muy agrio, habia una llanura cenagosa, que con las lluvias del invierno estaba hecha una laguna); con todo eso, fuese ficcion de Aulo para aumentar el miedo al Rey, ó porque le cegase su deseo de apoderarse de la ciudad y de los tesoros, comenzó á acercar á ella los manteletes, á tirar el cordon y adelantar lo demas que creia conducir á su intento.

Jugurta, vista la temeridad y falta de pericia militar del Legado, procuraba con grande astucia ir cebando su locura. Enviábale á menudo mensajeros con súplicas; llevaba su ejército por veredas y lugares fragosos en apariencia de que huia, hasta que al fin, con esperanza de que se compondria con él, logró inducirle á que dejando á Sutul, le persiguiese por ciertas regiones apartadas, adonde fingiria retirarse, y en donde cualquiera negociacion que se hiciese estaria más oculta. Entre tanto, no cesaba de dia ni de noche de solicitar su ejército por medio de gente práctica y sagaz: cohechaba á los Centuriones y Oficiales de caballería, para que, ó desertasen, ó á cierta señal que les daria desamparasen sus puestos; y cuando tuvo ya las cosas preparadas segun su idea, déjase á media noche caer improvisamente sobre los reales de Aulo con gran muchedumbre de Númidas. Los soldados romanos, sorprendidos con el no esperado alboroto, toman unos las armas, otros procuran ocultarse; parte anima á los medrosos, parte se turba y se embaraza: los enemigos cargan por todos lados en gran número: la noche aumenta sus sombras con las nubes: en todo hay riesgo; dúdase si mayor en huir ó en esperar. En esto una cohorte de Lígures, del número de los que se dijo estaban cohechados, juntamente con dos escuadrones de caballos Traces y algunos soldados de poca cuenta, pásanse al Rey, y el Centurion de la primera columna de la legion tercera da entrada franca á los enemigos por un puesto fortificado, cuya defensa estaba á su cargo, por donde los Númidas rompieron en tropel. Los nuestros, huyendo vergonzosamente, y los más arrojando las armas, se acogieron á un collado vecino. La noche y el despojo de los reales hicieron que los enemigos no se aprovechasen más de la victoria. Jugurta el dia siguiente, en una conferencia con Aulo, le dijo que «aunque le tenía encer- »rado á él y á su ejército por hierro y ham- »bre, sin embargo, conociendo la inconstan- »cia de las cosas humanas, le concederia, si »le prometia la paz, que saliesen todos sal- »vos con tal que ántes pasasen por bajo del »yugo y saliesen dentro de diez dias de Nu- »midia;» cuyas condiciones, aunque tan duras y llenas de ignominia, hubieron de aceptarse por temor de la muerte, y así se hizo la paz segun quiso Jugurta.

Sabido esto en Roma, el miedo y la tristeza se apoderaron de la ciudad: unos se lastimaban por ver oscurecida la gloria del Imperio; otros, poco acostumbrados á los reveses de la guerra, llegaban á temer si la libertad peligraria. Contra Aulo se enfurecian todos, y especialmente los que en las pasadas guerras se habian portado con valor. Objetábanle que, teniendo las armas en la mano, habia procurado salvarse, no por medio de ellas, sino á costa de la mayor ignominia. Por esto el cónsul Albino, temiendo el aborrecimiento y el peligro que el delito de su hermano podria ocasionarle, propuso al Senado que deliberase acerca de la capitulacion. Al mismo tiempo alistaba gente para completar el ejército, solicitaba socorros de los confederados y latinos, y por todos medios se prevenia con la mayor diligencia para la guerra. El Senado resuelve, como era justo, que *sin su órden y la del Pueblo no pudo Aulo haber hecho tratado alguno*. El Cónsul, habiéndole prohibido los Tribunos de la plebe llevar consigo la gente que tenía prevenida, se parte de allí á pocos dias á la África Proconsular, porque todo el ejército, segun lo estipulado, habia salido de Numidia, é invernaba en nuestra provincia. Cuando llegó allá, aunque ardia en deseos de perseguir á Jugurta y mitigar el general aborrecimiento de su hermano; con todo eso, visto el ejército (en quien, además de la desercion, habian la falta de disciplina, la libertad y la lascivia hecho el mayor estrago), determinó, segun el estado de las cosas, no emprender nada por entónces.

Entre tanto, en Roma Cayo Mamilio Limetano, Tribuno de la plebe, propone al Pueblo que «haga ley para que se inquiera contra los »autores de haber Jugurta despreciado los »mandamientos del Senado, y los que en sus »embajadas ó empleos hubiesen recibido di-»nero de él, ó entregádole los elefantes y de-»sertores, y, últimamente, contra cuales-»quiera que hubiesen hecho tratados de paz ó »de guerra con los enemigos.» Como á esta ley no podian en lo público oponerse los que se sentian culpados, ni los que temian algun peligro por el encono de los partidos, ántes bien era preciso mostrar que la aprobaban y aplaudian, procuraron bajo mano, por medio de sus amigos, y especialmente de algunos latinos y otros confederados itálicos, ver si podrian impedir que se llevase á efecto. Pero no es creible lo empeñada que estaba en ello la plebe, ni el teson con que habia decretado y promulgado aquella ley, no tanto por amor á la República, como por aborrecimiento de la nobleza, contra la cual se asestaba el tiro; tal era el desenfreno de los dos partidos. Consternado, pues, el resto de los nobles, Marco Scauro, de quien dijimos ántes que habia sido

Legado de Bestia, estando aún entónces la ciudad fluctuante entre la alegría de la plebe y el quebranto de los de su partido, y debiendo, segun proponia Mamilio, nombrarse tres sujetos que hiciesen la pesquisa, pudo lograr que él fuese uno de los nombrados. Pero habiéndose esta pesquisa ejecutado dura y violentamente, dejándose los comisionados llevar de las hablillas y caprichos del vulgo, sucedió que, como la nobleza en otras ocasiones, así en esta la plebe, por la demasiada prosperidad, vino á hacerse insolente.

Este abuso de las divisiones y partidos entre los del Pueblo y el Senado, y todos los desórdenes que despues se experimentaron, tuvo principio en Roma pocos años ántes, y era efecto de la paz y la abundancia de las cosas que el mundo más estima. Porque miéntras estuvo en pié Cartago, el Senado y Pueblo romano administraban la República con gran moderacion y templanza: ni entre ciudadanos se disputaba sobre quién habia de sobresalir en gloria ó en el mando: el miedo del enemigo contenia á la ciudad en su deber. Pero luégo que sacudió de sí este cuidado, se apoderaron de ella la soberbia y la lascivia, males que trae regularmente consigo la prosperidad. De esta suerte, el descanso por que anhelaron tanto en los tiempos trabajosos, despues de alcanzado, fué para ellos más duro y amargo que los trabajos mismos. Porque así la Nobleza como el Pueblo hicieron servir, aquélla su elevacion, éste su libertad, á sus antojos, robando unos y otros y apropiándose cuanto podian. De esta suerte, todo se dividió en dos bandos, y la República, cogida en medio de ellos, fué despedazada. Pero el partido de los nobles, por su estrecha union, era más fuerte; la plebe, aunque mayor en número, por estar desunida y dividida su fuerza, podia ménos. Gobernábase en paz y en guerra el Estado por el arbitrio de pocos. Estos tenian en su mano el Erario, los gobiernos, los magistrados, la gloria y los triunfos: el Pueblo vivia oprimido con la pobreza y el peso de la guerra: los Generales se apoderaban, y á pocos daban parte de los despojos militares; y entre tanto, las mujeres y los hijos pequeños de los soldados eran echados de sus casas y posesiones si confinaban con las de algun poderoso. De esta suerte, la avaricia sin tasa ni vergüenza alguna, juntamente con el poder, lo invadia, manchaba y asolaba todo, no teniendo el menor miramiento ni respeto, hasta que se despeñó ella misma. Luégo, pues, que entre los de la nobleza hubo quien antepusiese al poder injusto la verdadera gloria, comenzó á revolverse la ciudad, y se vió nacer en ella la discordia, no de otra suerte que cuando vemos formarse un torbellino.

Porque despues que Tiberio y Cayo Graco, cuyos mayores en la guerra Púnica y en otras habian acrecentado mucho los términos del Imperio, intentaron restablecer á la plebe en su libertad y descubrir las maldades de algunos particulares, la Nobleza que se sentia culpada, y por eso estaba temerosa (valiéndose unas veces de los confederados y latinos, otras de algunos caballeros romanos que con la esperanza de que se les daria parte en los empleos se habian separado de la plebe), se opuso al intento de los Gracos; y en los principios mató á Tiberio, Tribuno que era del Pueblo; de allí á pocos años á Cayo, Triumviro conductor de las colonias, que seguia las mismas pisadas; y á Marco Fulvio Flaco. Y á la verdad los Gracos, arrebatados del deseo de la victoria, no guardaron la moderacion que convenia; pero mejor es disimular prudentemente los agravios, que tomar satisfaccion á costa de un mal ejemplo.

La Nobleza, pues, usando de esta victoria desenfrenadamente, mató y desterró á muchas gentes, con lo que logró en lo venidero hacerse más temible que poderosa; mal que ordinariamente ha sido la ruina de grandes y opulentas ciudades, por querer unos y otros vencer á toda costa y ensangrentarse demasiado en los vencidos. Pero si hubiese yo de hablar menudamente de los partidos y de las costumbres de Roma, segun lo pide la grandeza del asunto, ántes me faltaria tiempo que materia, por cuya razon vuelvo á mi propósito.

Despues de la capitulacion de Aulo y la vergonzosa retirada de nuestro ejército, Metelo y Silano, nombrados cónsules para el siguiente año, sortearon entre sí las provincias; y de estas la Numidia cupo á Metelo, varon fuerte, y aunque opuesto al partido del Pueblo, constantemente reputado por hombre de grande entereza. Éste, luego que comenzó á ejercer su magistrado, hecho cargo de que los demas negocios eran comunes á ambos cónsules, pero el de la guerra peculiar suyo, se aplicó sériamente á la que habia de emprender. Teniendo, pues, poca confianza del ejército antiguo, alista gente, soli-

cita socorros de todas partes, apresta armas,
caballos y demas tren de campaña; previene
asimismo víveres en abundancia, y cuanto
podia ofrecérsele en una guerra de sucesos
varios y que pedia grandes prevenciones.
Contribuia á ello el Senado con su autoridad;
los confederados, los latinos, y áun los reyes,
enviando voluntariamente socorros; y, finalmente, la ciudad toda con el mayor empeño.
Prevenidas y ordenadas las cosas segun deseaba, pártese á Numidia, dejando á los ciudadanos muy esperanzados, ya por sus excelentes prendas, ya especialmente porque
sabian que su ánimo era superior á las riquezas, y que la avaricia de los magistrados
habia hasta entónces quebrantado en Numidia nuestras fuerzas y aumentado las de los
enemigos.

Habiendo, pues, llegado á África, le entrega el procónsul Spurio Albino un ejército
flojo, no aguerrido ni sufridor de los peligros
y trabajos, de más lengua que manos, roba-
dor de sus aliados, y presa de los enemigos,
hecho, en fin, á vivir sin rienda ni moderacion alguna; de suerte que al nuevo General
le daba más cuidado lo estragado de las costumbres de los soldados, que alivio ó espe-

ranza su gran número. Y aunque la dilacion de los comicios habia acortado el tiempo del estío, y Metelo conocia bien que en Roma estaba el Pueblo ansioso esperando el éxito de la guerra, resolvió, sin embargo, no emprender cosa alguna hasta tanto que hubiese ejercitado bien á los soldados en la disciplina militar de sus mayores. Porque Albino, amedrentado por la desgracia de su hermano y la del ejército, y resuelto á no salir un paso de la provincia, tuvo ordinariamente á los soldados en cuarteles fijos todo el tiempo del verano en que conservó el mando, si no era cuando el mal olor, ó la necesidad de forrajes le obligaba á mudar de sitio. Ni se hacian las guardias segun la costumbre militar; el que queria se ausentaba por su antojo de las banderas; los vivanderos, mezclados con los soldados, andaban dia y noche ociosos y derramados por varias partes; talaban los campos, tomaban por fuerza las caserías, robando sus ganados y esclavos á porfía, y los trocaban con los mercaderes por vino que les traian de afuera y cosas semejantes: vendian además de esto el trigo, que el público les daba por meses, y despues compraban el pan diariamente. En suma, cuantos males, hijos de la flojedad y la lujuria, pueden decirse ó imaginarse, tantos y áun más se hallaron en aquel ejército.

Entre estos embarazos hallo yo á Metelo no ménos prudente y grande que en lo más vivo de la guerra: tal fué su templanza entre la ambiciosa blandura y el rigor. Lo primero, pues, que hizo fué quitar cuanto podia fomentar la pereza y regalo, mandando «que »nadie en los reales vendiese pan ni vianda »alguna cocida; que los vivanderos no si-»guiesen al ejército; que el soldado raso, ni »en el campo, ni en la expedicion tuviese es-»clavo ó caballería;» y en lo demas poniendo con grande arte las cosas en buen órden. Mudaba además de esto cada dia la situacion de los reales por varias travesías; fortificábalos con su valla y foso, como si estuviera á la vista el enemigo; ponia en ellos muy espesas centinelas, haciendo por sí mismo la ronda en compañía de los primeros oficiales. Hallábase unas veces al frente del ejército, otras en la retaguardia; pero regularmente en el centro, á fin de que nadie se desordenase; y para que no se alejasen de las banderas, dispuso que los soldados llevasen consigo su comida y sus armas. De esta suerte, impidiendo los delitos más que castigándolos, logró restablecer en breve el ejército.

Cuando entendió Jugurta por sus espías en lo que Metelo se ocupaba, y sabiendo desde que estuvo en Roma su integridad, comenzó á desconfiar de sus cosas, y entónces, finalmente, quiso de véras entregarse. Resuélvese, pues, á enviar sus mensajeros á Metelo con órden de que únicamente le pidan la vida para sí y para sus hijos, y lo demas lo entreguen sin reserva al Pueblo romano. Pero tenía Metelo experimentado mucho ántes cuán poco de fiar y cuán volubles y amigos de novedades eran los Númidas; y así se introduce con los mensajeros, háblales á cada uno de por sí, y sondeándolos poco á poco, cuando vió que daban alguna entrada á su designio, solicita de ellos á fuerza de promesas «que le »entreguen, si es posible, la persona, y si no »la cabeza de Jugurta;» pero en público dió á todos juntos la respuesta que queria llevasen al Rey. De allí á pocos dias se encamina con su ejército bien disciplinado, y deseoso de obrar, hácia la Numidia, donde contra el regular aspecto de un país que está en guerra, encuentra las chozas llenas de gente y los campos de colonos y ganados, y que de

los pueblos y mapales le salian á recibir los
gobernadores que en ellos tenía el Rey, dispuestos á aprontar trigo, á trasportar víveres, y últimamente, á hacer cuanto se les
mandase. Pero no por eso Metelo procedia
ménos cauto; ántes bien, marchaba con su
ejército formado, y siempre á punto, como
si tuviese al lado al enemigo, haciendo alar-
gar más á los batidores para que lo explora-
sen todo, persuadido á que lo de la entrega
no era sino añagaza para hacerle dar en alguna emboscada. Y así él iba en la vanguardia con las compañías ligeras, y una banda
escogida de honderos y ballesteros; Cayo Mario, Legado, en la retaguardia con nuestra caballería; la de los auxiliares la habia reparti-
do entre los Tribunos y Prefectos de las cohortes á uno y otro lado del ejército, á fin de que
interpolada con nuestra tropa ligera pudiese
rechazar la caballería de los enemigos por
cualquiera parte que embistiese. Porque Jugurta era tan astuto y tan práctico del terreno y de la guerra, que podia dudarse si era
más de temer ausente, ó cuando estaba á la
vista, si haciendo guerra ó estando en paz.

Habia no léjos del camino que llevaba Metelo una ciudad de Numidia, llamada Vaca,

emporio el más célebre de todo el reino, donde solian habitar y comerciaban muchos mercaderes italianos. En ella puso guarnicion el Cónsul, por ver cómo sería recibida, y si le franquearian sus entradas. Mandó despues de esto conducir allí trigo y lo demas necesario para la guerra, creyendo, como era natural, que la copia de mercaderes y de vituallas podria ser útil al ejército y juntamente servir de seguridad á las prevenciones que le hiciesen. En este intermedio no cesaba Jugurta, por medio de sus mensajeros, de solicitar con la mayor instancia el tratado de paz, ofreciendo entregarse á Metelo, sin más condiciones que su vida y la de sus hijos. Pero el Cónsul los enviaba á sus casas, como á los primeros, despues de haberlos inducido á que le entregasen á su Rey, sin rehusar ni ofrecer la paz que éste pretendia; y entre tanto, esperaba á ver si tendria efecto lo que le habian prometido los mensajeros.

Jugurta, cotejadas las palabras con los hechos de Metelo, y echando de ver que le heria por sus mismos filos, porque al paso que le daba espezanzas de paz, le hacía una guerra muy cruel, en la que habia perdido una ciudad considerable, los enemigos habian tomado conocimiento de la tierra, y sus vasallos habian sido solicitados para que le desamparasen; obligado de la necesidad, determinó volver á las armas. Habiendo, pues, explorado el camino que llevaban los enemigos, y lisonjeándose de que podria vencerlos en algun sitio ventajoso, junta cuanta más gente puede de todas clases, y por veredas ocultas se adelanta y ataja al ejército de Metelo. Habia en la parte de Numidia que cupo á Aderbal un rio que tenía su orígen al Mediodía, llamado Mutul; y cerca de veinte millas de él corria en igual distancia una cordillera de montes pelados y sin cultura alguna, del medio de la cual salia como una colina, cuyo fin no se alcanzaba á ver, vestida de acebuches, arrayanes y otras plantas de las que suelen producir las tierras secas y arenosas. La llanura intermedia estaba del todo yerma por falta de agua, á excepcion de las cercanías del rio, en que habia varios arbustos y frecuencia de ganados y colonos.

En esta colina, pues, que como dijimos se alargaba al traves del camino que traia Metelo, sentó Jugurta su campo, dándole mucha extension por el frente. A Bomilcar dió el cargo de los elefantes y parte de la infantería, diciéndole lo que debia hacer; él se apostó más cerca del monte con toda la caballería y los infantes escogidos; y girando por los escuadrones y compañías una á una, exhorta y conjura á sus soldados, «que, acordándose del »valor antiguo y de la pasada victoria, de»fiendan sus personas y su reino de la avari»cia de los Romanos. Díceles que van á pe»lear con los mismos á quienes ya ántes »habian vencido y hecho pasar por bajo del »yugo; que sólo habian mudado de caudillo, »no de ánimo; que cuantas precauciones po»dia un buen General tomar, tantas habia él »tomado: lugar ventajoso, que los prácticos »del terreno peleasen con los que no lo eran, »y nunca los ménos contra superior número, »ni los bisoños con los más aguerridos. Y así, »que estuviesen apercibidos y á punto para »acometer á los Romanos, luégo que se les »diese la señal; que aquel dia ó les asegura»ria el fruto de sus trabajos y victorias, ó se»ría principio de las mayores desgracias é »infortunios.» Va además de esto acordando en particular á los que por alguna hazaña habia honrado y regalado, las mercedes que les habia hecho, y poniéndolos á la vista de los demas. Últimamente, prometiendo á estos, amenazando y rogando á aquellos, según era el genio de cada uno, los disponia y animaba de diversos modos para la batalla; cuando entre tanto Metelo, que nada sabía del enemigo, le descubre al bajar del monte con su ejército. Y al principio no acababa de comprehender lo que sería aquel extraño objeto (porque los caballos é infantes númidas estaban entre las matas, ni bien del todo encubiertos por lo bajo de ellas, ni dando idea clara de sí, por lo caprichoso del terreno y por la astucia con que ellos y sus banderas se habian ocultado). Pero cayendo presto en la cuenta de lo que aquello era, hizo un ligero alto; y mudando la formacion del lado derecho, que era el más inmediato al enemigo, escuadrona y divide el ejército en tres cuerpos: reparte entre los claros de las compañías los honderos y ballesteros; acomoda la caballería toda en las dos alas; y habiendo exhortado brevemente á los soldados, segun lo permitia el tiempo, conduce el ejército á lo llano, así como lo habia escuadronado, haciendo el lado derecho, que formaba su vanguardia, frente al enemigo.

Pero como vió que los Númidas se estaban

quietos y que no bajaban de la colina, rece-
lando que el ejército por lo ardiente de la estacion y la escasez de agua pereciese de sed,
hizo que Rutilio su Legado, con algunas
compañías ligeras y parte de la caballería,
se adelantase al rio, para tomar con tiempo
sitio donde acampar; persuadido á que los
enemigos, acometiendo muchas veces por
los costados, retardarian su marcha, y que
viéndose inferiores en fuerzas, tirarian á fa-
tigar á sus soldados con el cansancio y con
la sed. Despues, segun el caso y el lugar lo
permitian, fué poco á poco prosiguiendo su
camino en la forma en que habia bajado del
monte, llevando á Mario en el cuerpo de batalla, y él yendo con la caballería de la ala
izquierda, la cual, segun el movimiento del
ejército, habia venido á ser su vanguardia.
Jugurta, cuando vió que la retaguardia de
Metelo se habia adelantado á sus primeros
escuadrones, ocupa con un cuerpo como de
dos mil infantes el monte por donde habia
bajado Metelo, á fin de que en caso de retirarse los nuestros, no les sirviese de abrigo,
y despues se fortificasen en él; y dando de
repente la señal, acomete á los enemigos.
Los Númidas, unos dan sobre nuestra reta-

guardia, otros hacen sus tentativas por la
derecha é izquierda, porfiando, estrechando
y procurando por todas partes desordenar
nuestras líneas. En ellas, áun los que resistian con mayor esfuerzo, burlados por el ir-
regular modo de pelear de los enemigos,
eran heridos desde léjos, sin poder vengarse
ni venir á las manos, porque Jugurta habia
prevenido á los de á caballo que cuando les
persiguiesen en tropa los Romanos no se re-
tirasen apiñados, ni en un cuerpo, sino cada
cual por su lado y lo más desviados que pudiesen. De esa suerte, siendo superiores en
número, cuando no podian hacer frente á los
nuestros, los cogian ya desordenados por las
espaldas ó por los lados; y si les acomodaba
más para la fuga el collado que la llanura,
allí tambien los caballos númidas, hechos á
sus veredas, se escabullian fácilmente entre
las matas, al paso que á los nuestros emba-
razaba la aspereza y poca práctica del
terreno.

Era el aspecto de todo el campo fluctuante
y vario, causando á un mismo tiempo horror
y compasion. De los desmandados, parte
huian, otros seguian el alcance, sin acordarse
nadie de su formacion ni de sus banderas.

Donde á cada uno le cogia el riesgo, allí hacía frente y procuraba superarle: armas, lanzas, caballos, hombres, Númidas y Romanos, todos andaban mezclados y revueltos; nada se hacía por consejo ni órden; todo lo gobernaba el acaso. Así pasó gran parte del dia, y áun estaba pendiente el éxito, de la batalla. Finalmente, cansados ya unos y otros con el trabajo y el calor, y visto por Metelo que los Númidas no estrechaban tanto como ántes, reune poco á poco su gente, vuelve á ordenar las líneas, y opone cuatro cohortes legionarias á la infantería de los enemigos, gran parte de la cual, fatigada, tomaba algun aliento en lo alto del collado: ruega al mismo tiempo y exhorta á los soldados «que no des-»fallezcan, ni den lugar á que venzan los »enemigos que ya huyen. Dícelos que no »tienen reales, ni atrincheramiento alguno »á donde acogerse en la retirada, ni más re-»curso que las armas.» Pero ni Jugurta estaba entre tanto ocioso: giraba, animaba á los suyos, renovaba la pelea: hacía mil tentativas por sí mismo con su tropa escogida: socorria á los suyos: cargaba á los enemigos que vacilaban, y á los que veia firmes los contenia desde léjos con las armas arrojadizas.

De esta suerte combatian estos dos grandes Capitanes, iguales en el valor y pericia militar, pero desiguales en fuerzas. Metelo tenía mejor gente; pero el sitio era poco favorable. Al contrario, Jugurta llevaba ventaja en todo, sino en la calidad de su tropa. Pero al fin, viendo los Romanos que ni ellos tenian donde retirarse, ni los enemigos volvian á la batalla, y se acercaba ya la noche, suben á pechos, segun el órden que tenian, á lo alto del collado: echan de allí á los Númidas, y los desbaratan y ponen en huida, pero con muerte de pocos; porque á los más salvó su ligereza y el no ser los nuestros prácticos del terreno. Entre tanto Bomilcar, que, como dijimos, estaba encargado de los elefantes y parte de la infantería, luego que se le adelantó Rutilio, conduce poco á poco los suyos á una llanura; y miéntras el Legado se daba prisa por llegar al rio, que era su designio, pudo él con sosiego poner su gente en órden segun el caso lo pedia, y no omitió diligencia para saber en qué se ocupaba por todas partes su enemigo. Sabido, pues, que Rutilio habia sentado su campo y estaba sin cuidado, y viendo al mismo tiempo que se aumentaba el estruendo de la batalla de Jugurta, receloso

de que si el Legado lo llegaba á entender, iria
prontamente á socorrer á los suyos en aquel
peligro, extendió el frente de su tropa (que
hasta allí por lo poco que confiaba en ella
habia tenido muy unida) para impedir el paso
á su enemigo, y en esa posicion marcha hácia
los reales de Rutilio.

Los Romanos advierten de improviso una
gran polvareda, sin descubrir la causa, porque lo embarazaban los arbustos de que estaba vestida la campaña. Y aunque al principio juzgaron que sería polvo que se levantaba
con el viento, cuando observaron que se mantenia en un estado, y que se les iba acercando
al paso que se movia el escuadron, entendido
lo que era, toman apresuradamente las armas,
fórmanse en batalla delante de los reales segun el órden que se les dió, y llegando á tiro,
trábase la pelea con gran vocería de ambas
partes. Los Númidas sólo hicieron frente
miéntras tuvieron confianza de que los elefantes les socorrerian; pero cuando vieron que
éstos, embarazados con las ramas y perdida
su formacion, caian á manos de los nuestros,
echan precipitadamente á huir; y los más,
arrojando las armas, se escapan sin daño alguno al abrigo del collado y de la noche, que

comenzaba ya á cerrarse. Tomáronse cuatro elefantes; el resto, hasta cuarenta, fueron muertos. Los Romanos, aunque cansados y rendidos por el trabajo del camino, del acampamento y la batalla, viendo que Metelo tardaba en llegar más de lo que creian, vanse á encontrarle, así escuadronados como estaban y prontos para cualquier acontecimiento, porque los engaños de los Númidas no permitian el menor descuido. Y al principio, cuando llegaron cerca, con la oscuridad de la noche y el ruido que ambas partes hacian, comienzan unos y otros á temer y alborotarse como si viniese el enemigo; y estuvo á pique, por esta incertidumbre, de haber sucedido una gran fatalidad, si los caballos avanzados de una y otra parte no hubiesen aclarado lo que era; con lo que el miedo que tenian se trocó repentinamente en gozo. Los soldados, alegres, llámanse unos á otros por sus nombres; cuéntanse mutuamente las particularidades del suceso; cada uno pone en las nubes sus hazañas: que esta es la condicion humana, jactarse y gloriarse en la victoria áun los cobardes; y al contrario abatir á los valerosos las desgracias.

Metelo, habiendo permanecido cuatro dias

en el acampamento de Rutilio, cura con gran diligencia á los heridos, premia segun la costumbre militar á los que se habian distinguido en las dos acciones, alaba y da gracias en público á todos, y les exhorta «á que se por- »ten con igual valor en lo que resta, que es »cosa ya ligera. Díceles que bastante han »peleado ya por la gloria de vencer; que lo »que falta de trabajo ha de ser para enrique- »cerse con la presa.» Entre tanto, envia algunos desertores y otros sujetos á propósito para explorar por dónde iba y lo que meditaba Jugurta; si tenía poca gente ó ejército formado, y cómo se gobernaba despues de vencido. Por ellos supo haberse retirado á lugares fragosos y fuertes por naturaleza, y que allí juntaba un ejército mayor en número que el primero, pero de gente bozal, de poco valor, y más para el campo y los ganados que para la guerra. Nacia esto de que entre los Númidas nadie sigue á su Rey en las derrotas, á excepcion de los caballeros de la guardia Real: los demas vanse cada uno á donde quiere, sin que esto se tenga por delito militar. Así lo llevan sus costumbres. Viendo, pues, Metelo que ni áun entónces habia el Rey perdido el ánimo, y que se iba á emprender

de nuevo una guerra que era preciso hacerla
donde y como Jugurta quisiese; que era muy
desigual su partido y el de sus enemigos,
porque áun siendo éstos vencidos, perdian
ménos que los vencedores, determinó proseguir la guerra, no con batallas ni peleas,
como hasta entónces, sino por un rumbo diferente. Vase, pues, á las ciudades más ricas
de Numidia; tala sus campos; toma y abrasa
muchas villas y castillos poco fortificados, ó
que estaban sin guarnicion; manda pasar á
cuchillo á cuantos puedan tomar las armas,
y todo lo demas lo da al saco á los soldados.
Con este miedo se entregaron muchos por
rehenes á los Romanos, se aprontó trigo y lo
demas de servicio en abundancia, y se puso
guarnicion donde se creyó conveniente; cuyas calamidades hacian más impresion en el
ánimo del Rey que la pasada derrota. Porque
teniendo puesta toda su esperanza en evitar
los encuentros con Metelo, se veia precisado
á seguirle; y no pudiendo áun defenderse en
los lugares ventajosos, tenia que hacer la
guerra en los que le eran poco favorables.
Resuelve, no obstante esto, lo que en aquel
apuro le pareció mejor, es á saber: que el
grueso del ejército le aguardase en los sitios

donde solia estar; él con la caballería escogida sigue á Metelo; y caminando de noche por
veredas desusadas, sin que nadie le observase
acomete improvisamente á los Romanos, que
andaban derramados; mata á los más de ellos
que halló sin las armas; cautiva á muchos;
ni uno siquiera se escapó sin herida; y ántes
que de los reales puedan socorrerles, se retiran los Númidas, segun el órden que tenian,
á los montes inmediatos.

Entre tanto, habia gran regocijo en Roma,
por las noticias que se tenian de Metelo, es á
saber, por su buena conducta, y haber go-
bernado á su ejército á semejanza de sus mayores, y porque sin embargo de serle contrario el lugar de la batalla, habia por su esfuerzo salido vencedor, apoderádose de la
tierra del enemigo, y obligado á Jugurta (á
quien la flojedad de Aulo habia hecho insolente) á librar toda la esperanza de salvarse
en la aspereza de los montes, ó en la fuga.
Y así, el Senado manda *que por estos sucesos
felices se den gracias públicamente á los Dioses
inmortales*; y la ciudad, ántes sobresaltada y
cuidadosa del éxito de la guerra, se alegra y
explaya, ensalzando el nombre de Metelo.
Este, por lo mismo, se aplica con más empeño

á terminar la guerra, y no omite diligencia
para ello; pero cuidando mucho de no dar
ocasion de que le asaltase el enemigo, y teniendo presente que á la gloria sigue comun-
mente la envidia. De esta suerte, cuanto era
su crédito mayor, andaba más vigilante y
cuidadoso; ni permitia despues de la sorpresa
de Jugurta que los soldados derramados saliesen á pillaje; ántes bien, hacía que los es-
coltasen las cohortes y toda la caballería,
cuando habia falta de forrajes ó de trigo.
Parte del ejército mandaba Metelo por sí mismo; el resto Mario; y ambos asolaban la campaña, no tanto con las correrías como á fuego.
Acampaban separadamente, aunque á poca
distancia uno de otro. Cuando era necesario
fuerza, se juntaban; pero á fin de esparcir
más léjos el terror y la fuga, tomaba cada
uno su rumbo. Entre tanto, Jugurta seguia
sus pasos por los montes, buscando lugar y
ocasion de sorprenderlos; destruia los pastos
y las pocas fuentes que habia por la parte
que entendia que habian de pasar; presentá-
base unas veces á Metelo, otras á Mario, pi-
cando nuestra retaguardia y retirándose inmediatamente á los montes: ahora amagaba
á unos, luego á otros, sin hacernos guerra

ni dejarnos quietos, con solo el fin de entretener y apartar de su intento al General.

Este, viendo que se le inquietaba con falsas alarmas, y que el enemigo huia la batalla, resuelve conquistar á Zama, ciudad grande, y llave por aquella parte del reino; juzgando, como era natural, que Jugurta iria en socorro de los sitiados, y que allí vendria con él á las manos. Pero éste entendió por nuestros desertores lo que se le preparaba, y anticipándose á fuerza de marchas á Metelo, exhorta á los ciudadanos de Zama á la defensa, y refuerza su guarnicion con los desertores mismos, gente para el caso la más segura de todas sus tropas, porque no podia engañar sino á gran riesgo. Ofréceles, sobre esto, que él irá en persona y con ejército á socorrerlos, cuando sea tiempo. Dispuestas así las cosas, retírase á unos lugares muy fuera de comunicacion; pero habiendo poco despues sabido que Mario con algunas cohortes habia sido enviado desde el camino de Zama por trigo á Sica, que era la primera ciudad que despues de la derrota habia abandonado á Jugurta, encamínase allá de noche con su caballería escogida, y traba en las mismas puertas de ella la pelea con los nues-

tros, que iban ya saliendo: exhorta al mismo
tiempo en alta voz á los Sicenses, «que los
»acometan por las espaldas: díceles que la
»fortuna les ha puesto en las manos la más
»bella ocasion para una accion gloriosa; y
»que haciéndolo así, asegurará él su reino,
»y ellos su libertad y su quietud para siem-
»pre.» Y á la verdad, si Mario no se hubiera
echado tan presto sobre el enemigo con sus
banderas, y salido de la ciudad, todos ó los
mas de los Sicenses hubieran sin duda alguna
mudado de partido: tal es la inconstancia de
los Númidas. Los soldados de Jugurta, habiendo sido algun tanto sostenidos con su
presencia, cuando ven que el enemigo los
estrecha con fuerzas superiores, se retiran
huyendo con pérdida de pocos.

Mario llega despues á Zama. Estaba esta
ciudad situada en una llanura, y así era más
fuerte por arte que por naturaleza. Tenía
muchas armas, numerosa guarnicion, y
cuanto era necesario para la defensa. Metelo,
prevenidas las cosas, segun el tiempo y el
lugar lo permitian, cerca la muralla con su
ejército; señala á los Legados dónde debia
cada uno mandar; y dada la señal del asalto,
levántase por todas partes gran gritería. Los

Númidas no por eso se amedrentan, ántes bien, fieros y resueltos se mantienen en sus puestos sin turbarse: trábase la pelea. Los Romanos, cada cual á su modo, arrojan desde léjos piedras y balas de plomo contra los defensores: sucedíanse unos á otros, ya zapando, ya escalando el muro, con deseo de llegar á las manos. Por el contrario, los de la ciudad dejaban caer grandes piedras sobre los que se acercaban, y les arrojaban jaras, chuzos y teas embreadas con pez y azufre ardiendo. Ni el miedo ponia del todo en salvo á los que estaban apartados, porque á muchos de ellos herian las armas arrojadas á mano, ó disparadas con máquinas; y así, valerosos y cobardes, aunque desiguales en gloria, corrian igual riesgo.

Miéntras se peleaba así en Zama, Jugurta acomete de improviso con gran número de gente nuestros reales, y hallando á los que estaban de guardia descuidados y muy ajenos de pensar que podian ser sorprehendidos, penetra por una de las puertas. Los nuestros, poseidos del repentino espanto, mira cada cual por sí, segun era su valor: huyen unos; otros toman las armas; los más son heridos ó muertos. Cuarenta hubo solos en toda aquella muchedumbre que, acordándose del nombre romano, tomaron hechos una piña un puesto algo superior, de donde jamás los enemigos, por más esfuerzos que hicieron, pudieron desencastillarlos; ántes bien, revolvian contra ellos los mismos dardos que les arrojaban, sin errar golpe, por ser muchos en quienes ponian la mira; y si los Númidas se les acercaban, allí era donde más descubrian su valor, y donde con mayor esfuerzo los herian y desbarataban, haciéndolos retroceder. Metelo, que se hallaba entónces en lo más vivo de la accion, oye detras de sí la gritería y estruendo del enemigo; y revolviendo el caballo, ve gentes que huian hácia él, lo que le hizo conocer que eran los suyos. Envia, pues, sin tardanza á los reales toda la caballería, y tras ella á Cayo Mario con las cohortes auxiliares; y arrasados sus ojos de lágrimas, le ruega, «por su amistad y por el honor de la »República, que no permita quede ignominia »alguna en el ejército ya vencedor, ni que se »vayan los enemigos sin castigo.» Mario ejecuta al punto lo mandado. Jugurta, embarazado con el atrincheramiento de los reales (porque unos caian en el foso, otros con la prisa de salir por los portillos angostos se

impedian mutuamente), retírase á lugares
fuertes con pérdida de muchos; y Metelo,
muy cerca ya de la noche, vuelve al campamento con su ejército, sin haber adelantado
nada en el sitio.

El dia siguiente, ántes de salir al combate,
manda formar la caballería delante de los
reales en el paraje por donde solia venir el
Rey: encarga la guarda de las puertas y sus
inmediaciones á los Tribunos: él se encamina
á la ciudad, y asalta como el dia antecedente
la muralla. Jugurta, entre tanto, desde una
emboscada se echa de repente sobre los nuestros. Los primeros con quienes dió, desordé-
nanse algun tanto atemorizados: los otros
acuden prontamente al socorro. Ni hubieran
podido resistir mucho los Númidas, sino por
su infantería, que entretejida con los caballos
hizo en los nuestros gran estrago en el primer encuentro; á cuyo abrigo la caballería
(contra su costumbre de embestir y retirarse
luego) acometia de frente, se mezclaba con
los nuestros, y desordenaba las líneas; y así
deshechas y casi ya vencidas, las presentaba
á su infantería suelta y expedita.

Al mismo tiempo en Zama se peleaba con
gran furia. Donde acertaba á hallarse Legado

ó Tribuno, allí era el empeño mayor: nadie fiaba sino de sus manos. Lo mismo hacian los defensores, peleando y acudiendo á todas partes, ansiosos más de herir al enemigo, que de resguardarse. Oíase un confuso clamor de exhortaciones, alegrías y gemidos: llegaba al cielo el estruendo de los golpes: cruzábanse por el aire las armas arrojadizas. Los que guardaban la muralla, si acaso los nuestros aflojaban un momento en el combate, miraban atentamente la batalla de la caballería, que se descubria desde allí. Viéraslos ya alegres, ya caidos de ánimo, segun iban las cosas de Jugurta; y como si pudiesen ser oidos ó vistos de los suyos, los animaban y exhortaban, haciéndoles señas con las manos, y ademanes con sus cuerpos, moviéndose ya hácia este, ya hácia el otro lado, como que se desviaban de los tiros del enemigo, ó como que disparaban los suyos. Visto esto por Mario, que se hallada en aquella parte, comenzó con estudio á aflojar algun tanto, fingiendo que desconfiaba del suceso y dejando á los sitiados gozar á todo su placer de aquel espectáculo. Pero cuando más embebecidos los tenia el afecto á los suyos, asalta de repente la muralla con gran furia; y ya los que la escalaban habian casi llegado á las almenas, cuando acudiendo de todas partes los defensores, arrojan sobre ellos un diluvio de piedras, fuego, dardos y otras armas. Los nuestros resistian al principio; pero rotas muchas de las escaleras, dieron en tierra los que subian por ellas: el resto se salvó como pudo, pocos de ellos sanos, los más atravesados de heridas. La noche hizo cesar de ambas partes la batalla.

Viendo Metelo frustradas sus ideas, y que ni la ciudad se tomaba, ni Jugurta queria pelear sino por sorpresas, ó en lugares ventajosos, y que ya se habia pasado el estío, levanta el sitio de Zama, pone guarnicion en las ciudades que se le habian entregado y eran bastante fuertes por su situacion ó por sus murallas, y acuartela el resto de su ejército en la parte de la provincia romana más cercana á la Numidia, para que invernase allí. Pero ni ese tiempo estuvo ocioso, ni entregado, como otros suelen, al regalo; sino ántes bien, visto que la guerra se adelantaba poco con la fuerza, resuelve valerse de los amigos del Rey para tenderle lazos, y usar de la perfidia en vez de armas. Tienta, pues, con grandes promesas á aquel Bomilcar que dijimos habia estado con Jugurta en Roma, y que, sin embargo de hallarse afianzado por la muerte de Masiva, se habia ocultamente sustraido al juicio con la fuga, el cual, por la gran confianza que de él hacia el Rey, tenía gran proporcion para engañarle; y logra desde luégo de él que vaya en secreto á verle. Asegúrale despues con su palabra «que, si le en- »trega vivo ó muerto á Jugurta, el Senado le »perdonará y dejará toda su hacienda;» y le persuade á ello fácilmente, ya por su natural infiel, ya porque temia que, si llegaba á hacerse la paz, una de las condiciones sería que le llevasen al suplicio.

Llégase, pues, en la primera ocasion que tuvo á Jugurta, que andaba acongojado y lastimándose de sus trabajos, y le exhorta y ruega con lágrimas, «que mire al fin por sí »y por sus hijos, y tambien por sus Númidas, »que tan acreedores á ello eran. Dícele que »no ha habido batalla en que no hayan sido »vencidos; que la campaña está asolada, la »gente cautiva y muerta, las fuerzas del »reino arruinadas; que hartas pruebas tiene »ya hechas del valor de sus soldados, y de la »fortuna; y, finalmente, que no dé lugar con

»su tardanza á que los Númidas se le antici-
»pen.» Con estas y otras razones induce al
Rey á que se entregue. Envíanse mensajeros
á Metelo para hacerle saber «que Jugurta
»hará cuanto se le mande, y que desde luégo
»se pone á sí y á su reino en sus manos á dis-
»crecion y sin pacto alguno.» Metelo manda
que vengan al instante de los cuarteles cuantos habia en ellos del órden Senatorio, con
quienes, y con otros que creia á propósito,
tiene su consejo; y tomada resolucion en él,
segun la costumbre de los mayores, manda
á Jugurta que apronte doscientas mil libras
de plata, todos los elefantes, y algunos caballos y armas. Hecho esto sin la menor tardanza, ordena que se le traigan atados todos
los desertores. Tráesele gran parte, segun lo
acordado; algunos de ellos, desde que empezó
á tratarse de entrega, se habian pasado al
rey Boco á la Mauritania. Jugurta, viendo
que sobre haberle despojado de sus armas,
gente y dinero, le mandaban presentar en
Tisidio para oir lo que deberia hacer, comenzó á vacilar de nuevo y á temer por su mala
conciencia el merecido castigo. Finalmente,
habiendo entre estas dudas pasado muchos
dias, pareciéndole unas veces cualquiera

suerte más llevadera que la guerra, por el
tedio con que miraba su fortuna, y otras,
considerando entre sí cuán dura cosa era pasar de Rey á siervo; despues de haber perdido infructuosamente lo más y mejor de sus
fuerzas, emprende de nuevo la guerra. En
Roma, entre tanto, el Senado, siendo consul-
tado acerca de la distribucion de las provincias, prorogó á Metelo la Numidia.

Por el mismo tiempo en Utica, estando
acaso Mario haciendo sus sacrificios, le dijo
el Arúspice «que las víctimas le pronostica-
»ban cosas grandes y portentosas, y así, que
»llevase adelante sus ideas, fiado en el favor
»de los Dioses, y se entregase sin miedo á la
»fortuna, que todo le sucederia felizmente.»
Pero á él ya ántes de esto le traia muy inquieto su deseo de llegar al consulado, para
cuyo logro, á excepcion de no ser antigua su
familia, le sobraban méritos personales, esto
es, industria, bondad, gran pericia militar,
presencia de espíritu en la guerra, frugalidad en la paz, genio superior á los placeres
y riquezas, y únicamente amante de la gloria. Era natural de Arpino, donde pasó su
primera edad; y luego que fué capaz de la
milicia, hizo profesion de ella, sin cuidar

de cultivar su ánimo con la elocuencia griega, ni con las modales ó cortesanías de Roma; y de esta suerte su noble ingenio, con la
buena crianza y costumbres, adelantó mucho en breve tiempo. Por lo que no bién hubo
acabado de pedir al Pueblo el empleo de Tribuno militar, cuando sin conocerle los más
de rostro, le eligieron por aclamacion todas las tribus, pues era notoria su reputacion
y fama. De este fué pasando sucesivamente
á otros magistrados; y siempre se hubo en
ellos de tal suerte, que generalmente le juz-
gaban digno de otro mayor. Con todo eso, un
hombre tan grande hasta aquel punto (porque despues le precipitó su ambicion) no tenía valor para pedir el consulado; porque
áun entónces pasaba la nobleza de mano en
mano este empleo entre los de su cuerpo,
como dividia entre sí la plebe otros magistrados; ni habia hombre, por grande que
fuese su fama y sus servicios, á quien, si no
era noble, no tuviera el Pueblo como por ta-
chado y poco á propósito para aquel honor.

Viendo, pues, Mario que la respuesta del
Arúspice le conducia al término mismo de
sus deseos, ruega á Metelo le dé licencia para
pasar á Roma á su pretension. Metelo, aun-

que tan virtuoso, ilustre y lleno de las más
envidiables prendas, era, como de ordinario
son los nobles, de un genio despreciador y
altivo; y así, alterado al principio por ver una
cosa tan extraña, comenzó á maravillarse de
su modo de pensar, y á rogarle en tono de
amigo, «que no intentase una cosa tan fuera
»de camino, ni aspirase á lo que era sobre su
»esfera. Díjole que no era todo para todos;
»que se contentase con su suerte; y última-
»mente, que no se expusiese pidiendo al
»Pueblo romano una cosa que sin hacerle
»agravio podria negarle.» Pero viendo que
ni estas ni otras tales razones hacian mella
en el ánimo de Mario, le respondió «que
»luego que lo permitiesen los negocios pú-
»blicos, le daria el permiso que pedia;» é im-
portunándole aún Mario, cuentan que le añadió: «que no se diese tanta prisa á marchar,
»que harto llegaria á tiempo de pedir el con-
»sulado cuando lo pidiese tambien su hijo.»
Podria éste tener entónces veinte años, y militaba á la sazon en el ejército, bajo el mando
y disciplina de su padre. Esta respuesta
inflamó vehementemente á Mario, ya para
conseguir el honor á que aspiraba, ya especialmente contra Metelo; y así, deján-

dose arrastrar de dos malísimos consejeros, la ambicion y la ira, no ponia reparo en decir ni hacer cuanto creia conducente á sus designios. Tenía á los soldados de su cargo en los cuarteles de invierno con ménos severa disciplina que hasta entónces; hablaba de la guerra entre los mercaderes, de que habia gran muchedumbre en Utica, zahiriendo á Metelo, y ensalzándose á sí: decia «que con »la mitad del ejército tendria él dentro de »pocos dias á Jugurta en cadenas; que el ge-»neral alargaba de propósito la guerra, por-»que como era hombre hueco, y de un fausto »casi real, estaba muy bien hallado con el »mando.» Todo esto, como era segun el paladar de los mercaderes (porque con haberse alargado la guerra se habian arruinado sus caudales), se les hacía muy creible; y para quien desea con ánsia, no hay diligencia que baste.

Habia además de esto en nuestro ejército cierto Númida llamado Gauda, hijo de Manastabal, y nieto de Masinisa, al cual Micipsa en su testamento habia dejado heredero en segundo lugar; hombre de salud muy quebrantada, y por esta razon de juicio no del todo cabal. Pretendia éste que Metelo

le hiciese poner silla junto á sí, segun se
acostumbra con los reyes; y que le señalase
para su guardia cierto número de caballeros
romanos. Metelo le habia negado uno y otro;
la silla, porque era distincion que sólo se
concedia á los reyes que el Pueblo habia reconocido por tales; la guardia, porque le parecia indecoroso que caballeros romanos la
hiciesen á un Númida. Introdúcese, pues,
Mario con este hombre, que andaba acongojado, y le exhorta á que con su ayuda pida al
Pueblo romano satisfaccion de los desaires que
el General le hacía; y como por sus achaques
tenía el juicio débil, le engríe fácilmente, li-
sonjeándole «con que era rey, personaje de
»gran cuenta, y nieto de Masinisa; y que si
»llegaba el caso de que Jugurta fuese muerto
»ó preso (lo que sucederia tan presto como le
»enviasen á él despues de Cónsul á esa guer-
»ra), obtendria inmediatamente el reino de
»Numidia.» Por este medio logra inducirle, y
tambien á los caballeros, soldados y mercaderes romanos, á unos por el crédito que tenía, y á los más con la esperanza de la paz,
para que escriban á Roma á sus amigos y
parientes, quejándose del gobierno de Metelo, y pidiendo por general de aquella guerra

á Mario, que era lo mismo que pedir por un medio honradísimo que le hiciesen Cónsul; y esto en un tiempo en que la plebe, habiendo con la ley Mamilia logrado abatir á la nobleza, procuraba colocar en los empleos á los suyos. De esta suerte todo se le iba disponiendo bien á Mario.

Jugurta entre tanto, despues que abandonado el pensamiento de la entrega volvió á la guerra, prevenia con gran diligencia lo necesario para ella: juntaba ejército; solicitaba, ya por vía de amenazas, ya con premios, reducir á su obediencia las ciudades que le habian desamparado; fortificaba los sitios ventajosos; reparaba ó compraba de nuevo armas de todos géneros, y lo demas de que con la esperanza de la paz se habia despojado; atraia á su servicio á los esclavos de los Romanos, y procuraba ganar con dinero hasta los mismos soldados de las guarniciones; en suma, todo lo tentaba y revolvia, sin dejar piedra por mover. En Vaca, pues, donde Metelo en los principios, cuando Jugurta andaba en tratos de paz, habia puesto guarnicion, los principales ciudadanos (porque el vulgo en todas partes, y más entre los Númidas, siempre es voluble, alborotado, rencilloso, amigo de novedades, y contrario de la pública quietud), importunados por los ruegos de su Rey, de quien más por fuerza que de su voluntad se habian separado, fraguan entre sí una conjuracion contra los Romanos; y cuando tuvieron las cosas ya dispuestas, determinan su ejecucion para el tercero dia, que por ser festivo y célebre en toda la África, prometia juegos y regocijos, más que recelos ni temores. Llegado que fué, convidan á comer á sus casas á los Centuriones, á los Tribunos, y al mismo Gobernador de la ciudad Tito Turpilio Silano, cada cual al suyo; y miéntras comian, mátanlos á todos, á excepcion de Turpilio. Despues acometen á los soldados, que por ser el dia que era, andaban derramados, sin armas y sin caudillo. Lo mismo hace el vulgo, parte sabedor por medio de la nobleza de lo que se trataba, otros por genio é inclinacion á semejantes revueltas; los cuales, áun ignorando lo que hacian y el fin á que aquello se dirigia, gustaban del tumulto y de las novedades por sí mismas.

Los soldados romanos sobrecogidos con el repentino miedo, sin acertar ni saber qué hacerse, corren turbados al alcázar de la ciu-

dad, donde tenian sus banderas y escudos;
pero la guarnicion enemiga, que lo habia
ocupado y cerrado de antemano las puertas,
se lo impedia. Además de esto, las mujeres y
niños echaban á porfía desde los terrados piedras y cuanto les venía á las manos; de
suerte que ni podian precaverse contra un
riesgo que les cercaba por todas partes, ni
resistir unos hombres tan esforzados al sexo
y edad más débiles; y así, buenos y malos,
valerosos y cobardes, murieron igualmente
sin poder tomar satisfaccion. En medio de
tantas dificultades, estando encarnizados los
Númidas y cerradas todas las puertas de la
ciudad, Turpilio, su Gobernador, fué el único
que escapó sin lesion. Si fué esto compasion
que de él tuvo el que le hospedó en su casa,
ó bien concierto ó casualidad, no he podido
averiguarlo; sólo sí me parece, que quien en
una adversidad tan grande estimó más vivir
afrentado que morir con reputacion, debe
tenerse por hombre infame y detestable.

Metelo, cuando supo lo de Vaca, retírase
un poco á su estancia con la pesadumbre;
pero luégo que ésta dió lugar á la ira, dispó-
nese con el mayor cuidado á vengar prontamente la injuria; saca de sus cuarteles al

mismo ponerse el sol la legion con que invernaba y cuantos más Númidas de á caballo encontró apercibidos, y al dia siguiente, cerca de las nueve de la mañana, llega á cierta llanura rodeada de pequeños collados, y haciendo allí alto, dice á su tropa (que cansada con lo largo de la marcha, rehusaba ya obedecer) «que Vaca no distaba sino una »milla, que era honor suyo sufrir constante- »mente lo que restaba de trabajo hasta ven- »gar á sus valerosos y desgraciados conciu- »dadanos.» Ofrécela además de esto liberalmente la presa; con lo que alentados los soldados, ordena que la caballería ocupe la vanguardia del escuadron, y la infantería se estreche lo más que pueda, y oculte sus banderas.

Los de Vaca, cuando echaron de ver que se encaminaba un ejército hácia ellos, al principio, creyendo que fuese Metelo, como era la verdad, cerraron las puertas; pero luégo que vieron que ni la campaña se talaba, y que los que venian en las primeras filas eran Númidas de á caballo, de nuevo hicieron juicio que era Jugurta, y salen con gran contento á recibirle. Nuestra caballería é infantería, habiéndose de repente dado la señal, unos hieren á su placer en aquella muchedumbre derramada, otros vanse á toda prisa á ocupar las puertas y apoderarse de las torres, venciendo la ira y la esperanza del despojo el gran cansancio que tenian. De esta suerte los de Vaca no gozaron sino dos dias del fruto de su perfidia; y esta ciudad grande y opulenta fué pasada enteramente á cuchillo y saqueada. Turpilio, en otro tiempo su Gobernador, que como dijimos fué el único que escapó de ella, siendo mandado comparecer y dar sus descargos, no habiendo parecido á Metelo suficientes, despues de sentenciado y azotado, pagó con su cabeza, por ser ciudadano del Lacio.

Por el mismo tiempo Bomilcar, autor del pensamiento de la entrega (que Jugurta medroso abandonó despues de comenzada), siendo desde aquella hora sospechoso al Rey, y él tambien teniéndose por poco seguro, deseaba que las cosas se mudasen, y buscaba ocasiones de perderle, fatigándose en ello dia y noche, hasta que, tentando cuantos medios pudo, logra ganar á Nabdalsa, hombre ilustre, famoso por sus riquezas, y bien quisto de sus compatriotas; el cual solia mandar un ejército distinto de el del Rey, y despachar por sí todos los negocios que Jugurta no podia, por estar cansado ú ocupado en otros mayores; lo que le produjo crédito y riquezas. Queda, pues, por consejo de ambos acordado el dia para la traicion, dejando pendiente lo demas para resolver en la ocurrencia, segun el caso lo pidiese. Pártese Nabdalsa á su ejército, que segun el órden de Jugurta, tenía apostado entre los cuarteles de los Romanos, á fin de que no pudiesen talar á su salvo la campaña. Pero despues, acobardado por lo grande del empeño en que se habia metido, y temeroso del éxito, no acudió al plazo señalado. Bomilcar, á un mismo tiempo atormentado del deseo de llevar al fin su empresa, y receloso de su compañero, no fuera que arrepentido del concierto tomase otras medidas, escríbele con persona de su satisfaccion una carta en que le trataba de cobarde y flojo; pónele delante á los Dioses, por cuya fe habia jurado; y le dice «que no haga de suerte que las pro»mesas de Metelo se vuelvan en su daño. »Añade que Jugurta de todos modos ha de »morir presto: que el punto está en si ha de »ser á su manos, ó por el valor de Metelo; y »así que reflexione bien si quiere más la re»compensa ó el suplicio.»

Cuando llegó esta carta, se hallaba casualmente Nabdalsa reposando en su lecho, por hallarse fatigado del ejercicio; y viendo lo que Bomilcar le decia, le sobrecogió el cuidado, y luégo el sueño, como sucede á un ánimo apesadumbrado. Tenía consigo Nabdalsa un Númida que le ayudaba en sus negocios, hombre fiel, á quien amaba mucho, y era sabedor de todos sus secretos, excepto éste. El Númida, apénas entendió que habia llegado una carta, creyendo, como en otras ocasiones, que para el despacho de ella sería necesaria su asistencia y consejo, entra en la tienda de Nabdalsa, y hallándole dormido, toma la carta que sin reflexion habia puesto en la cabecera de la cama sobre la almohada; léela, y vista la traicion que se tramaba contra su Rey, vase inmediatamente á darle cuenta. Despierta poco despues Nabdalsa; y cuando se halla sin la carta, y entiende cuanto habia pasado, primero intenta alcanzar y detener al que iba con la noticia; y no habiendo podido lograrlo, vase á Jugurta para aplacarle y decirle «que la perfidia de »aquel confidente suyo se le habia antici»pado á hacer lo mismo que él pensaba;» pídele con muchas lágrimas, por su amistad y buenos servicios hasta entónces, que no entre en sospecha de él sobre aquel hecho.

El Rey le responde plácidamente, pero muy contra lo que pensaba en su interior; y con haber hecho morir á Bomilcar y á otros muchos que supo ser cómplices de la conjuracion, desahcgó algun tanto su enojo, sin atreverse á más, por miedo de que no se levantase con ocasion de eso algun tumulto. Desde este lance no tuvo ya Jugurta dia ó noche alguna con sosiego: de nadie se fiaba, ni se tenía por seguro en tiempo ni en paraje alguno; temia no ménos á los suyos que á los enemigos; volvia frecuentemente el rostro á todas partes, sobresaltándose á cualquier ruido; dormia ya en un lugar, ya en otro, muchas veces contra lo que pedia el real decoro; y dispertando á menudo, tomaba las armas, y lo alborotaba todo. De esta suerte su miedo le traia como loco.

Metelo, luego que por los desertores supo la desgracia de Bomilcar, y que se habia descubierto lo que se trataba, de nuevo se apercibe á la guerra con la misma diligencia que al principio; y hecho cargo de que Mario (el cual no cesaba de importunarle con sus ruegos) no sería ya allí más de provecho, porque sobre no serle agradable, se habia estrellado con él abiertamente, dale su licencia para partirse á Roma, donde la plebe, habiendo entendido lo que las cartas decian de Metelo y Mario, estaba con lo uno y lo otro muy contenta; porque la calidad de noble, que hasta allí habia realzado al General, comenzó desde entónces á hacerle odioso; y al contrario, el nacimiento humilde de Mario le granjeaba crédito para con el vulgo; bien que ni en uno ni en otro regian para esto sus buenas ó sus malas calidades, sino el empeño de los partidos. Además de esto, los magistrados sediciosos no cesaban de alborotar al vulgo, atribuyendo en todas sus arengas á Metelo delitos capitales, y ensalzando más y más el valor de Mario. Ultimamente, la plebe estaba tan acalorada, que todos los artesanos y labradores que no tenian más crédito ni bienes que el trabajo de sus manos, abandonando sus haciendas, iban á casa de Mario y dejaban de atender á sus familias por hacerle obsequio. De esta suerte, consternada la nobleza, vino al fin á conferirse el consulado á este hombre de inferior condicion, cosa que no se habia visto largo tiempo; y el pueblo, preguntado despues por

Lucio Manlio Mantino, su Tribuno, *á quién queria por general contra Jugurta* dijo casi á una voz que á Mario. Por lo cual, aunque el Senado habia poco ántes decretado á Metelo la Numidia, no tuvo esta determinacion efecto.

En el mismo tiempo Jugurta, habiendo perdido á sus amigos, de los cuales los más habia hecho él matar, y otros por miedo se habian pasado á los Romanos, ó al rey Boco; viendo que no podia la guerra hacerse sin oficiales, y que era muy arriesgado hacer experiencia de los nuevos, á vista de la deslealtad de los antiguos, andaba dudoso y fluctuante, sin hallar cosa ni resolucion, ni persona alguna que le satisficiese: tomaba cada dia rumbos distintos; mudaba gobernadores; volvia unas veces el rostro al enemigo, otras se encaminaba á las soledades: su esperanza la ponia de ordinario en huir los encuentros, pero poco despues en las armas; sin saber si fiaria ménos del valor, ó de la fidelidad de sus vasallos. De esta suerte, á cualquiera parte que se volvia todo le era contrario. Entre estas dilaciones sobreviene de repente Metelo con su ejército. Jugurta dispone y escuadrona á los Númidas, segun lo permitia el tiempo, y comienza luego la batalla.

Donde asistia el Rey hubo alguna resistencia: los demas al primer encuentro fueron rotos y ahuyentados, quedando los Romanos dueños de las banderas, de las armas, y de un pequeño número de enemigos; porque á éstos casi en todas las batallas salvaba más su ligereza que las manos.

Jugurta con la nueva desgracia, desconfiando mucho más de sus cosas, encamínase con parte de su caballería y los desertores á las soledades, y desde allí á Tala, ciudad considerable y rica, donde estaban los principales tesoros del Rey, y donde sus hijos se criaban con gran magnificencia. Entendido esto por Metelo, aunque no ignoraba que desde un rio, que tenía cerca, hasta Tala no se hallaban en el espacio de cincuenta millas sino tierras áridas y despobladas; sin embargo, con la esperanza de acabar la guerra si lograba apoderarse de aquella ciudad, empéñase en superar todas las dificultades y vencer á la naturaleza misma. Dispone, pues, que se descargue todo el bagaje, á excepcion del trigo necesario para diez dias, y que se traigan odres y otros vasos á propósito para conducir agua. Busca además de esto en aquellos campos el mayor número que

puede de bestias de carga y acomoda en ellas
vasijas de todos géneros, las más de madera,
recogidas en las chozas de los Númidas. Manda asimismo á los pueblos comarcanos, que
despues de la derrota de Jugurta se le habian
entregado, acarrear cada uno la mayor porcion de agua que pudiese, señalándoles dia y
lugar donde debian tenerla á punto, y él carga tambien su bagaje del agua de aquel rio,
que como dijimos, era la más cercana á la
ciudad. Con esta prevencion se encamina á
Tala; y habiendo llegado al sitio donde habia
mandado que le esperasen los Númidas, y
puesto y fortificado en él su campo, dícese
que llovió repentinamente tanto, que sólo
aquel agua hubiera sido bastante y áun so-
brada para el ejército. Hubo tambien más víveres de lo que se esperaba, porque los Númidas, como es regular en los que de nuevo
se rinden, se mostraron muy oficiosos. Pero
nuestros soldados usaban más del agua llovediza, teniéndola por milagrosa, lo que les
infundia mucho ánimo, por persuadirse que
cuidaban de su conservacion los Dioses inmortales. De esta suerte llegan el siguiente
dia á Tala contra la expectacion de Jugurta.
Los ciudadanos, que se tenian por seguros

sólo por lo inaccesible de aquel sitio, aunque espantados viendo una cosa tal y tan extraña, no por eso dejaron de atender con el mayor cuidado á la defensa. Lo mismo hacen por su parte los nuestros.

Pero Jugurta, viendo que nada sería ya difícil á Metelo, despues de haber vencido con su industria la fuerza de las armas, la aspereza de los sitios, el rigor de las estacicnes, y hasta la misma naturaleza, árbitra de las cosas humanas, sálese de noche de la ciudad con sus hijos y con gran parte de sus tesoros. Ni despues de esto se detuvo ya en lugar alguno más que un dia ó una noche, pretextando pedirlo así sus ocupaciones; pero en la realidad era por miedo que tenía de alguna traicion, la cual juzgaba que podria evitar mudando frecuentemente sitios, porque semejantes tratos necesitan para fraguarse tiempo y oportunidad. Pero Metelo, viendo que los ciudadanos se apercibian á la defensa, y que la ciudad era bastantemente fuerte por arte y por su situacion, cércala con su vallado y foso; manda adelantar los manteletes por los parajes que entre todos creyó más oportunos; levanta un cordon de tierra, y sobre él algunas torres, desde las cuales pu-

diesen ser sostenidos los que asistian y gobernaban los trabajos del sitio. Por el contrario, los defensores se prevenian, y acudian
con gran diligencia á todo: en suma, ni unos
ni otros dejaban cosa por hacer. Pero al fin
los Romanos, aunque cansados de antemano
con tantos trabajos y batallas, á los cuarenta
dias de haber llegado á Tala se apoderaron
de ella; mas no gozaron de la presa, porque
la habian destruido enteramente los desertores. Estos, viendo que los arietes comenzaban
ya á hacer brecha en las murallas, y que sus
cosas no tenian remedio, llevan al palacio el
oro, la plata y cuanto habia precioso en la
ciudad, y cargados de vino y de comida lo
abrasan todo, juntamente con el edificio, y
ellos mismos se entregan á las llamas, to-
mándose por sus manos el castigo que siendo vencidos pudieran temer de sus enemigos.

Al mismo tiempo que se ganó Tala llegaron á Metelo mensajeros de la ciudad de
Leptis, suplicándole «que les enviase guar-
»nicion y gobernador; porque cierto Amilcar,
»hombre noble y partidario, intentaba albo-
»rotarla, y no hacía caso de las órdenes del
»Magistrado, ni de ley alguna; y añadieron,
»que si no daba pronta providencia, corria

»sumo riesgo aquella ciudad, su aliada.»
Porque en la realidad los Leptitanos, desde
el principio de la guerra de Jugurta habian
acudido primero al cónsul Bestia, y despues
á Roma á solicitar nuestra alianza y amistad; y obtenida, siempre se mantuvieron firmes y leales, haciendo con la mayor pron-
titud cuanto Bestia, Albino y Metelo les mandaron. Por esto no hubo dificultad en que el
General les concediese lo que pedian; y en
efecto, se les enviaron cuatro cohortes de
Ligures, y á Cayo Anio por su gobernador.

Fundaron esta ciudad los Sidonios que, segun es tradicion, huyendo de su patria por
las discordias civiles, aportaron con sus na-
ves á aquellas playas. Su asiento está entre
dos bajíos, llamados Sirtes por los efectos
que causan; porque vienen á ser dos ensena-
das que el mar forma cerca del confin del
Africa y del Egipto; y aunque en grandeza
desiguales, la naturaleza de ambas es la misma: el mar cerca de las riberas muy profundo; en lo interior lo es más ó ménos, segun
lo da el caso; y en partes vadeable en tiempo de borrascas: porque cuando comienza
á engrosarse y embravecerse, las olas llevan tras sí el légamo, la arena y peñascos

grandes; y de esta suerte, segun es el embate de los vientos, mudan de aspecto aquellos mares. Llámanse estos bajíos Sirtes, porque atraen. El lenguaje antiguo de los Leptitanos estaba muy alterado por el comercio y matrimonios con los Númidas; no así sus leyes y costumbres, que por lo comun eran sidónicas, y las retuvieron fácilmente porque vivian léjos de donde el Rey mandaba. Entre este pueblo y la Numidia habitada no habia sino tierras incultas y desiertas.

Pero pues nos han traido acá las cosas de los Leptitanos, no será extraño que yo cuente una ilustre y memorable hazaña de dos Cartagineses, que la ocasion me ha hecho venir á la memoria. Cuando los de Cartago poseian lo más de la Africa, fueron tambien grandes y opulentos los de Cirene. Habia entre estas dos ciudades una campaña arenosa y de un aspecto igual, sin rio ni monte alguno que pudiese distinguir los límites de cada una; lo que ocasionó entre ellas grandes y prolongadas guerras. Pero al fin, despues de varias batallas y derrotas de ambas partes por mar y tierra, y que unos y otros quedaron algo quebrantados, temiendo que si sobrevenia un tercero se apoderase de los

vencidos y vencedores ya cansados, hacen
en tiempo de treguas el acuerdo «de que en
»cierto dia y hora salgan dos de cada pueblo,
»y el lugar donde se encontraren, sea el co-
»mun lindero de ambos.» Envian los de Cartago dos hermanos, llamados Filenos, los
cuales se dieron gran prisa en caminar; los
de Cirene no fueron tan diligentes: lo que,
si fué descuido ó casualidad, no he llegado
yo á averiguar. Lo cierto es que en aquellos
lugares suelen las tormentas detener á los
que caminan, no ménos que en el mar; porque arreciando el viento en las campañas
llanas y peladas, levanta del suelo las are-
nas, y estas, como si fueran disparadas, lle-
nan la boca y ojos de los caminantes, y em-
barazándoles la vista, los detienen. Viendo
los Cirenenses que habian perdido algun terreno, y temiendo que á su vuelta serian por
ello castigados, acusan á los de Cartago de
que han salido ántes de la hora aplazada,
y tiran á embrollar el negocio, dispuestos á
pasar por todo, ántes que volverse vencidos
á su patria. Pero diciéndoles los Cartagineses
que propusiesen cualquiera otra condicion,
con tal que fuese razonable, danles los de
Cirene á escoger, «que ó bien los de Cartago

»han de ser enterrados vivos en aquel sitio,
»puesto que quieren sea el término de su
»pueblo; ó si no, que ellos pasarán adelante
»hasta donde quieran, bajo la misma condi-
»cion.» Los Filenos, aceptado el partido, sa-
crificaron sus vidas por la República, y fueron allí enterrados vivos; en memoria de lo
cual los Cartagineses dedicaron en aquel lugar aras á los dos hermanos, y en Cartago
les hicieron otros honores. Vuelvo ahora á
mi propósito.

Jugurta, perdida Tala, viendo que nada
habia que pudiese resistir á Metelo, vase
acompañado de pocos, y atravesando unos
desiertos grandes, llega á los Getúlos, gente
fiera y sin cultura alguna, que ni tenía entónces noticia del nombre romano : junta
gran número de ellos, y valos poco á poco
acostumbrando á escuadronarse, á seguir las
banderas, observar disciplina, y hacer otros
ejercicios militares. Gana además de esto
con grandes dones y mayores promesas á los
confidentes del rey Boco, y habiendo por
su medio logrado introducirse con él mismo,
le induce á que tome las armas contra los
Romanos. Esto fué llano y fácil de conseguir,
por haber ya Boco en el principio de estas

revueltas enviado á Roma sus mensajeros solicitando nuestra alianza y amistad; cuya conclusion (que hubiera sido muy del caso para la guerra) estorbaron algunos pocos, ciegos de avaricia y acostumbrados á hacer granjería de todo, bueno y malo. Concurria tambien el haber casado ántes Jugurta con hija de Boco; pero de este parentesco no se hace grande aprecio entre los Númidas y Moros, porque cada uno, segun sus facultades, mantiene cuantas mujeres puede, quién diez, quién más, pero los reyes en mucho mayor número; y de esta suerte, dividido el afecto entre muchas, ninguna es reputada por compañera individual de la vida: todas son igualmente tenidas en poco.

Júntanse, pues, los ejércitos de los dos Reyes en el lugar que habian aplazado; y dadas mutuamente las seguridades, inflama Jugurta con una arenga el ánimo de Boco, diciéndole: «que los Romanos son injustos, »avarientos sin término, y comunes enemi- »gos de todos: que el mismo motivo tienen »para hacer guerra á Boco que á él, y á las »demas gentes; es á saber, su antojo de man- »dar, y su aversion á toda soberanía: que »entónces guerreaban con él, poco ántes ha-

»bian guerreado con los Cartagineses y con el
»rey Perseo, y despues harian lo mismo con
»cualquiera otro, solo porque les pareciese
»muy poderoso.» De resulta de este y otros
discursos semejantes, determinan ir á Cirta,
donde Metelo habia depositado el despojo,
los cautivos y el bagaje; creyendo Jugurta
que si se tomaba la ciudad, sería de grande
importancia, y si Metelo intentaba socorrerla,
vendrian á las manos; porque, como tan astuto, ponia toda su mira en que Boco rom-
piese presto con los Romanos, no fuese que
si lo diferia abrazase otro partido.

Metelo, sabida la alianza de los dos Reyes,
no se presentaba ya sin precaucion al enemigo, ni le daba lugar de pelear en cualquier parte, como acostumbraba hacer, despues de haberle tantas veces vencido, sino
que los espera no léjos de Cirta en sus reales
bien fortificados; creyendo que seria mejor
tantear primero á los Moros, para pelear
despues ventajosamente con este nuevo enemigo. Entre tanto, sabe por cartas de Roma
que se habia decretado á Mario la Numidia;
porque de lo del consulado tenía ya noticia.
Con esto, apesadumbrado más de lo que era
justo y correspondiente á su decoro, ni podia

contener las lágrimas, ni refrenar su lengua; y siendo, como era, hombre grande en todo lo demas, mostró en este accidente ménos constancia que debiera. Esto lo atribuian unos á soberbia; otros decian que su buen natural se habia inflamado por la afrenta que se le hacia; y muchos, que era porque se le arrebataba la victoria que tenía ya en las manos. Yo sé bien que le atormentó áun más el honor que se habia hecho á Mario que su particular injuria, y que hubiera sido menor su sentimiento si la provincia de que le separaban se hubiera dado á cualquiera otro.

Embargado, pues, Metelo de la pesadumbre, y porque hubiera sido necedad cuidar con riesgo propio de la hacienda ajena, envia mensajeros á Boco, pidiéndole «que no quisiera »sin causa alguna hacerse enemigo del Pue- »blo romano: que le será muy fácil obtener »su amistad y alianza, la cual, sin duda al- »guna, le estará mejor que la guerra: que por »confiado que esté de sus fuerzas, no es pru- »dencia dejar lo cierto por lo incierto: que »las guerras se emprenden fácilmente, pero »no se acaban sino con gran dificultad, por »no pender de uno mismo el fin que el prin- »cipio de ellas: que provocar puede áun el

»más cobarde; pero hacer la paz está en mano
»del vencedor; y así, que mirase por sí y por
»su reino, y no quisiese mezclar sus cosas
»florecientes con las de Jugurta desespera-
»das.» Boco respondió á esto cortésmente:
«que él deseaba la paz, pero que se compa-
»decia de la desgracia de Jugurta: que si á
»éste se le diese el arbitrio que á él, todo se
»compondria.» De nuevo Metelo le envia su
embajada para satisfacer á esta demanda; y
el Rey se convenia en algunas cosas, pero
rehusaba otras. De esta suerte yendo y vi-
niendo mensajeros, se iba pasando el tiempo,
y en la guerra nada se innovaba, que era el
designio de Metelo.

Mario en Roma, que, segun dijimos, habia
sido hecho Cónsul con tanto aplauso y aclamacion de la plebe; despues de haberle el
pueblo decretado la Numidia, explicó más y
con mayor desenfreno su antiguo aborrecimiento á la nobleza, ultrajando en particular
y en comun á muchos, y diciendo á cada
paso: «que su consulado era el despojo de la
»victoria que habia conseguido de los nobles;»
con otras expresiones jactanciosas hácia sí,
y para ellos muy amargas. Entre tanto, su
primer cuidado era el disponer lo necesario

para la guerra; pedir que se le completasen las legiones; solicitar los socorros de los reyes, de los pueblos y de los confederados. Convidaba además de esto á cuantos habia esforzados en el Lacio, que la mayor parte eran sus conocidos por la milicia, pocos sólo por fama; y á fuerza de ruegos y promesas obligaba áun á los que estaban ya jubilados á que le acompañasen. Ni el Senado, áun siéndole contrario, se atrevia á negarle nada; y en lo del suplemento de las legiones vino muy gustoso: porque como sabía que la plebe rehusaba ir á la guerra, se figuraba que, ó no habia de hallar Mario gente para ella, ó el vulgo, si queria obligarle, le perderia la afición. Pero no sucedió así: tal era el deseo que tenian los más de acompañar á Mario, prometiéndose cada uno que se haria rico con los despojos de la guerra, y que volveria á su casa victorioso. Con tales pensamientos se lisonjeaban; y sobre esto Mario los habia acabado de envanecer con una arenga que les hizo. Porque habiendo obtenido cuanto pedia, y estando para alistar la gente, á fin de animarla y dar que sentir á la nobleza, segun su costumbre, juntó al Pueblo y le habló de esta suerte:

«Sé bien, oh Quirites, que por lo regular es
»muy otra la conducta de los que os piden los
»empleos, que la que observan despues de
»haberlos conseguido: que al principio se
»muestran oficiosos, tratables, contenidos;
»pero despues pasan la vida entregados al
»ocio y la soberbia. Yo pienso muy de otra
»suerte, porque cuanto es de más considera-
»cion el todo de la República que el consulado
»ó la Pretura, tanto debe ponerse más cui-
»dado en la administracion de aquella que
»en la solicitud de estos empleos. Conozco
»asimismo el gran peso que habeis puesto
»sobre mí, con haberme hecho el mayor ho-
»nor que podíais; que debo hacer la guerra,
»sin llegar, si ser puede, al erario; obligar á
»que militen aquellos á quienes en nada qui-
»siera disgustar: atender á todo en Roma y
»fuera, y haber de hacer esto, estando ro-
»deado de gentes que me aborrecen, que se
»oponen, que todo lo alborotan, creed, Quiri-
»tes, que es más difícil de lo que parece.
»Añádese que á otros, si delinquen, su anti-
»gua nobleza, los hechos de sus mayores, el
»poder de sus deudos y allegados, y los mu-
»chos á quienes han favorecido, los sostienen.
»Yo no tengo más esperanza que en mí mis-

»mo; y así es preciso mantenerla con mi valor
»y conducta, porque todo lo demas es muy
»endeble. Tambien sé, oh Quirites, que toda
»Roma tiene puesto en mí los ojos; que la
»gente de bien me favorece, porque ve que
»mi proceder trae gran cuenta á la Repúbli-
»ca; que por el contrario, la nobleza busca
»portillo por donde entrarme. Por lo mismo,
»debo yo insistir con más empeño en que vos-
»otros no quedeis burlados, y ellos en vano se
»fatiguen. Tal me he portado desde mi niñez
»hasta este punto, que no hay trabajo ni pe-
»ligro á que no esté acostumbrado. Lo que he
»hecho, pues, de mi buen grado ántes de es-
»taros en tanta obligacion, no hayais miedo,
»Quirites, que deje de hacerlo despues del
»honor que he recibido. Para aquellos es di-
»fícil contenerse en los empleos, que por la
»ambicion de alcanzarlos se vendieron por
»buenos; en mí, que he pasado toda mi vida
»en las más nobles ocupaciones, la costum-
»bre de bien obrar ha venido ya á ser natu-
»raleza. Habeisme mandado hacer la guerra
»á Jugurta, lo que la nobleza ha llevado muy
»mal. Reflexionad, os ruego, si será mejor re-
»vocarlo y que encargueis un negocio de esta
»naturaleza á alguno de aquel corrillo de no-

»bles, quiero decir, á uno de linaje antiguo,
»y que tenga muchas estatuas de sus mayo-
»res, pero que jamás haya militado; para que
»puesto en él se turbe, se apresure sin saber
»qué hacerse, y eche mano del primero que
»encuentre para que le enseñe su oficio. Así
»sucede muchas veces, que á quien vosotros
»habeis cometido el mando, busca otro que le
»mande á él. De algunos sé yo, oh Quirites,
»que despues de Cónsules comenzaron á leer
»los hechos de nuestros mayores y la disci-
»plina militar de los Griegos: hombres que
»todo lo invierten. Porque aunque en el ór-
»den del tiempo, primero es lograr un em-
»pleo que ejercerle, el modo de portarse bien
»y provechosamente en él debe saberse án-
»tes. Comparad, pues, ahora, Quirites, á un
»hombre de fortuna, cual yo soy, con la alta-
»nería de estas gentes. De lo que ellos suelen
»leer ú oir, parte he visto, parte he ejecutado
»por mí mismo: lo que ellos leyendo, yo lo he
»aprendido militando: juzgad, pues, ahora si
»han de estimarse más las obras ó las pala-
»bras. Desprecian en mí la falta de nobleza;
»yo en ellos la sobra de flojedad: á mí se me
»echa en cara mi nacimiento; á ellos sus mal-
»dades; bien que, segun entiendo, la calidad

»es una y general en todos, y el que tiene »más valor ese es el más noble. Y si no, si se »pudiese hoy preguntar á los padres de Al- »bino y Bestia á quién quisieran más tener »por hijo, á mí ó á ellos, ¿qué creeis que ha- »bian de responder sino que querian por »hijos los mejores? Si tienen pues razon para »despreciarme á mí, desprecien tambien á »sus antepasados, cuya nobleza, así como la »mia, comenzó en ellos por su valor. Si me »envidian el honor que tengo, envidien tam- »bien mis trabajos, mi conducta y los peligros »en que me he visto, pues por tales medios »lo he adquirido. Pero estos hombres corrom- »pidos por su soberbia, así viven como si no »quisieran vuestros empleos; y despues así los »solicitan como si hubieran vivido bien. Mas »¡oh cuánto se engañan, creyendo que pueden »lograr juntas dos cosas tan repugnantes »entre sí como son el deleite de la ociosidad »y el premio de la virtud! Y tienen aún valor »cuando arengan en vuestra presencia, ó en »el Señado, para ensalzar prolijamente á sus »mayores, creyendo que la memoria de sus »grandes hechos les hará á ellos más ilustres, »lo que es muy al contrario. Porque cuanto »la vida de aquellos fuese más esclarecida,

»tanto es más reprehensible la pereza de es-
»tos. Y en la realidad ello es así: la gloria
»de los mayores es para sus descendientes
»una antorcha, que no permite que sus vir-
»tudes ni sus vicios estén ocultos. Yo nada de
»esto tengo, oh Quirites; pero puedo referir mis
»hazañas, que vale mucho más. Ved, pues,
»cuán injustos son, que lo que se atribuyen
»ellos á sí por la virtud ajena, no quieren
»concedérmelo á mí por la propia. ¿Y por qué?
»Porque no tengo en mi casa estatuas, y por-
»que mi nobleza es de ayer; siendo cierto que
»es mejor adquirírsela uno por sí mismo, que
»haber corrompido la que heredó. Ni ignoro
»que si quieren satisfacerme, tendrán á mano
»una oracion copiosa y limada. Mas puesto
»que toman ocasion de la gran merced que
»me habeis hecho para despedazar en todas
»partes con dicterios vuestro honor y el mio,
»no me ha parecido razon callar; no haya
»quien atribuya mi silencio á remordimiento
»ó culpa. A mí en la realidad, segun me sien-
»to, nada de cuanto digan puede dañarme;
»porque si hablan verdad, han de hablar bien;
»si no, los desmentirá mi vida y mis costum-
»bres. Pero vosotros, cuya resolucion de ha-
»berme honrado y puesto á mi cargo el ne-

»gocio de más peso se acusa igualmente,
»pensad una y otra vez si convendrá revo-
»carla. Porque á la verdad yo no puedo pre-
»sentar en abono mio estatuas, ni triunfos, ni
»consulados de mis mayores; pero, si fuere
»necesario, presentaré lanzas, banderas, jae-
»ces y otros dones militares; y además de esto
»heridas recibidas pecho á pecho. Estas son
»mis estatuas, esta mi nobleza, no como ellos
»la tienen heredada, sino adquirida á costa
»de grandes trabajos y peligros. No son mis
»palabras aliñadas, ni hago de esto caso; harto
»se descubre la virtud por sí misma. Ellos sí
»que necesitan de artificio para encubrir sus
»maldades con arengas estudiadas. Ni tam-
»poco he aprendido la lengua griega, ni que-
»rido perder en ello el tiempo; porque veia
»que los que la sabian, no por eso fueron me-
»jores. Lo que sí he aprendido cuidadosamente
»es lo que importa más á la República: herir
»al enemigo, ganar ó defender una plaza, no
»temer cosa alguna sino la infamia, sufrir
»igualmente el frio y el calor, dormir en el
»suelo y luchar á un mismo tiempo con la
»hambre y el trabajo. Con este ejemplo ani-
»maré yo á los soldados; ni los trataré á ellos
»mal, y á mí con opulencia; ni convertiré en

»alabanza mia su trabajo. Este es el gobierno
»útil, y el propio de un ciudadano; porque
»regalarse un General, y tratar con rigor á
»sus soldados, no es portarse segun su oficio,
»sino como dueño absoluto. Por estos y otros
»tales medios, oh Quirites, se engrandecieron
»vuestros mayores á sí mismos y á la Repú-
»blica; y apoyada en ellos la nobleza, sin em-
»bargo de lo desemejante de sus costumbres,
»me desprecia á mí, que procuro imitarlos, y
»os pide los empleos no como recompensa del
»mérito, sino como cosa debida á su naci-
»miento. Pero en esto los engaña mucho su
»vanidad. Sus mayores les dejaron cuanto
»pudieron: riquezas, estatuas y una clara me-
»moria de sí mismos; virtud no les dejaron,
»ni podian. Esta sola es la que ni se regala,
»ni se hereda. Dicen de mí que soy hombre
»rústico y sin cultura, porque no pongo una
»mesa con primor, ni mantengo truhanes, ni
»doy más salario al cocinero que al que cuida
»de mis labranzas; lo que yo os confieso de
»buena gana, Quirites. Porque oí á mi padre
»y á otros graves varones, que estas delica-
»dezas son propias de mujeres, y el trabajo
»de hombres; que la gente de bien debe tener
»mayor caudal de gloria que de riquezas, y

»que sus armas, no los muebles preciosos, han
»de ser su principal adorno. Hagan, pues, en
»hora buena lo que les place y en lo que tie-
»nen puestas sus delicias; amen, beban, pa-
»sen su vejez donde tuvieron la juventud,
»esto es, en banquetes, entregados á la gula
»y la lascivia, y dejen para nosotros el sudor,
»el polvo y los trabajos, que nos son más sua-
»ves que las viandas delicadas. Pero no es esto
»lo que quieren, sino despues de haber man-
»chado vergonzosamente su honor con mil
»infamias, solicitan quitar de las manos los
»premios á los buenos. De esta suerte, contra
»toda razon y justicia, los que se abandona-
»ron á los detestables vicios de la pereza y la
»lujuria, nada pierden por ello; y quien vie-
»ne al fin á pagarlo es la República inocente.
»Ahora, pues, que he satisfecho á los cargos
»que los nobles me hacen, aunque no segun
»merecian sus maldades, sino segun lo lle-
»van mi moderacion y genio, diré algo de lo
»que pertenece á la República. Lo primero,
»en cuanto á la Numidia, buen ánimo, Quiri-
»tes; pues lo que hasta ahora ha sido favora-
»ble á Jugurta, quiero decir, la avaricia, la
»ignorancia del arte militar y la soberbia, lo
»habeis todo apartado de vosotros. El ejército

»que allí teneis es práctico del terreno y va-
»leroso, aunque á la verdad no igualmente
»afortunado, por haber la codicia ó temeridad
»de sus Capitanes quitádole gran parte de
»su fuerza. Y así vosotros, que estais en la flor
»de la edad para las armas, esforzaos con-
»migo, y tomad á vuestro cargo la defensa de
»la patria, sin que en manera alguna os aco-
»barde la desgracia ajena ó la soberbia de
»los pasados Generales. Yo, yo estaré siempre
»á vuestro lado en las filas y en la batalla,
»por vuestro consultor y compañero en los
»peligros; ni cuidaré más de mí que de vos-
»otros. Y á la verdad, mediante el favor de los
»Dioses, tenemos á la vista la victoria, la presa
»y la alabanza; lo que, aunque no fuese así,
»y estuviese muy remoto, sería justo que los
»buenos ciudadanos socorriesen á su Repú-
»blica. Nadie hasta ahora por cobarde evitó
»la muerte; ni padre alguno ha deseado que
»sus hijos fuesen eternos, sino que fuesen
»buenos y viviesen con honor. Más dijera,
»oh Quirites, si las palabras diesen valor á
»los medrosos; para los esforzados creo que
»baste.»

Mario, acabada su oracion, viendo que la
plebe estaba dispuesta y animosa, embarca

sin perder tiempo el bastimento, la paga militar, las armas y lo demas que cree conveniente; y hace partir con ello á Aulo Manlio,
su Legado. Entre tanto, alistaba gente, pero
no segun la costumbre de los mayores, ni
precisamente de las clases, sino segun se le
presentaba cada uno, y áun de los que por
no tener bienes pagaban tributo por sus personas. Esto decian unos que se hacía á falta
de buenos; otros lo atribuian á ambicion del
Cónsul, por ser esta gente á quien debia su
fama y sus aumentos, y para el que aspira
al mando, nadie es más á propósito que el
más necesitado; porque quien no tiene, nada
aventura, y como haya ganancia de por medio, todo le parece bien. Mario, pues, habiéndose embarcado con alguna más gente
que se le habia concedido, llegó en pocos dias
á Utica, donde el legado Publio Rutilio le entregó el ejército, porque Metelo habia evitado
el encuentro de Mario, por no ver por sus
ojos lo que ni por relacion habia tenido valor
para sufrir.

Pero el Cónsul, despues de haber comple-
tado las legiones y las cohortes auxiliares,
encamínase á una campaña fértil y llena de
despojos, y concede toda la presa á los sol-

dados. Asalta despues de esto algunas villas y ciudades poco fortalecidas por su sitio ó por falta de guarnicion; tiene varios choques y otras ligeras refriegas con el enemigo en diferentes partes; con lo que los bisoños iban perdiendo el miedo, y echaban de ver que los que huian eran regularmente presos ó muertos y al contrario los más esforzados los que mejor libraban; en suma, que con las armas se aseguraba la libertad, la patria, las familias y cuanto habia, y que por su medio se adquiria gloria y riquezas. De esta suerte en breve tiempo nuevos y veteranos se incorporaron, haciéndose todos iguales en valor. Los reyes por su parte, cuando supieron la llegada de Mario, fuéronse cada cual por su lado á lugares fragosos y ásperos. Este fué consejo de Jugurta, el cual creyó que dando algun tiempo á los enemigos se derramarian, y podrian ser asaltados; porque se figuraba que los Romanos, depuesto el primer miedo, andarian, como regularmente sucede, más libres y con ménos disciplina.

En este tiempo Metelo, que habia partido para Roma, fué, contra lo que esperaba, recibido en ella con las mayores demostraciones de alegría, no sólo de los nobles, sino tambien de la plebe, que igualmente le amaba despues que cesó el motivo del disgusto. Pero Mario observaba á un mismo tiempo con gran cuidado y prudencia sus cosas y las del enemigo; instruíase en lo que se hallaba, bueno y malo, en ambos ejércitos; exploraba las marchas de los reyes; preveníase contra sus designios y asechanzas, sin permitir que hubiese el menor descuido en su campo, ni un momento de seguridad en el del enemigo. De esta suerte en varias ocasiones acometió y derrotó á los Getúlos y á Jugurta, al volver de sus correrías en tierra de nuestros confederados; y al mismo Jugurta le obligó, no léjos de Cirta, á que arrojase las armas por salvarse. Pero conociendo que esto sólo le conciliaba crédito, mas no era parte para acabar la guerra, resuelve ganar ó atraer á su partido una á una las ciudades que por su gente ó su situacion eran para él de estorbo y de gran ventaja para los enemigos, persuadido á que Jugurta perderia el apoyo de aquellas plazas si no acudia al socorro, ó vendria con él á las manos; porque Boco le habia enviado varias veces á decir, «que queria ser amigo del Pue»blo romano; y así que no temiese por su

»parte hostilidad alguna.» Si esto fué fingimiento para hacernos más daño dejándose caer de improviso, ó ligereza y facilidad suya en abrazar la paz ó la guerra, no puedo asegurarlo.

Pero el Cónsul, segun habia resuelto, se presentaba delante de las ciudades y lugares fuertes; y parte por las armas, parte con promesas ó amenazas, procuraba apartarlos del enemigo, sin querer al principio empeñarse en cosas de consideracion, creyendo que Jugurta, por defender á los suyos, vendria con él á batalla. Pero cuando supo que estaba léjos de allí y que entendia en otros negocios, juzgó que era ya tiempo de emprender cosas mayores y de más dificultad. Habia entre unos desiertos grandes una ciudad populosa y fuerte, llamada Capsa, fundacion que decian ser de Hércules Líbico. Sus habitadores eran libres de tributos, y tratados por Jugurta con blandura; por lo que estaban en concepto de muy fieles. Defendíanlos del enemigo no sólo sus murallas, sus armas y su gente, sino áun más que esto lo inaccesible de aquel sitio; porque, á excepcion de los contornos de la ciudad, todo lo demas estaba yermo, inculto, falto de agua é infestado de serpientes, cuya actividad, como sucede en las demas fieras, es mayor cuando las falta el pasto; pero más en las serpientes, porque nada irrita tanto su natural ponzoña como la sed. Tenía gran deseo Mario de hacer esta conquista, ya por lo que conduciria para acabar la guerra, ya porque era empresa muy ardua. Contribuia tambien el haber Metelo con gran gloria suya conquistado á Tala, que en el sitio y fortificacion no era desemejante, sólo que en Tala habia algunas fuentes cerca de sus muros, y en Capsa no habia sino una, y esa dentro de la ciudad, cuya agua bebian los vecinos, sirviéndose de la llovediza para los demas usos. Esta escasez de agua, así en aquel sitio como en el resto del Africa distante de la costa y ménos habitada, para los Númidas era llevadera, por ser su ordinario alimento leche y carne de fieras, sin sal ni condimento alguno que irritase la gula, y por servirles sólo la comida de reparo contra el hambre y la sed, no de fomento al apetito y al deleite.

El Cónsul, pues, aunque sabía todas estas cosas, confiando, á lo que yo juzgo, en el favor de los Dioses (porque, á la verdad, contra tantas dificultades no habia prudencia humana que bastase, pues comenzaba tambien á faltarle el trigo, por cuidar más los Númidas de los pastos para sus ganados que de la labor, cuanto se habia cogido lo habia mandado guardar el Rey en lugares fortalecidos, y la campaña estaba en aquel tiempo seca y pelada, por ser el fin del estío), da, sin embargo, sus providencias lo mejor que puede, acomodándose al tiempo; encarga á la caballería auxiliar el ganado que los dias pasados se habia tomado, para que lo guardase y condujese; ordena que Aulo Manlio su Legado vaya con la infantería ligera á la ciudad de Laris, donde habia puesto la casa militar y los almacenes, y le ofrece que dentro de pocos dias se alargará él hasta allá corriendo la campaña. De este modo, sin manifestar su designio, se encamina al rio Tana.

Pero en su marcha iba todos los dias repartiendo entre el ejército el ganado por compañías y escuadrones igualmente, y encargaba que de los cueros se hiciesen odres; con lo que á un mismo tiempo suplia la falta de trigo, y sin que nadie lo entendiese, iba previniendo lo que despues le habia de servir; de suerte que cuando llegó al rio, despues de seis dias de camino, se habia juntado una copia inmensa de odres. Sentados allí y fortificados ligeramente los reales, manda que los soldados coman y estén prevenidos para marchar al ponerse el sol, y que descargando todo el bagaje, lo carguen solamente de agua, y ellos lleven tambien la que pudieren. Despues, cuando le pareció que era ya tiempo, sale de sus reales, y habiendo caminado la noche entera, descansó por el dia. Lo mismo ejecutó la siguiente noche; pero en la tercera, mucho ántes que amaneciese, llegó á un terreno desigual y caprichoso, que no distaba de Capsa sino dos millas, donde hizo alto con todo el ejército, procurando ocultarse lo más que pudo. Ya que hubo amanecido, y que los Númidas, sin el menor recelo del enemigo, salieron en gran copia de la ciudad, manda de repente que la caballería toda y los de á pié más expeditos vayan á carrera tendida á Capsa y cojan las avenidas de las puertas. Sígueles luégo él mismo á gran prisa, sin permitir que los soldados se detengan en el despojo. Visto esto por los ciudadanos, la turbacion, el miedo grande, la desgracia improvista, y el ver ya parte de los suyos fuera de las murallas y en poder del enemigo, les obligaron á rendirse. Sin embargo, la ciudad fué abrasada, los Númidas de catorce años arriba muertos, el resto vendidos y la presa repartida entre los soldados. Este rigor, contra el derecho de la guerra, no se ejecutó por avaricia ni otra culpa del Cónsul, sino por ser el lugar á propósito para Jugurta, para nosotros de difícil acceso, y la gente de suyo infiel y voluble, á la que hasta entónces ni los beneficios ni el miedo habian contenido en su deber.

Despues que Mario, sin pérdida alguna de los suyos, acabó una empresa tan ilustre, su fama, que ya era grande, comenzó á crecer y ensalzarse sobremanera; de suerte que áun las cosas resueltas con poco acuerdo, como salian bien, se atribuian á su valor; los soldados, tratados con blandura y al mismo tiempo ricos con las presas, lo ponian en las nubes; los Númidas lo respetaban por más que hombre mortal; últimamente, confederados y enemigos creian que tenía divino instinto, ó que por especial favor de los Dioses le salia bien cuanto intentaba. Pero él, acabada felizmente esta empresa, se encamina á otros lugares; toma algunos de ellos que quisieron resistirle; los más, que por el ejemplar de Capsa halló desiertos, fueron entregados á las llamas; con lo que todo se llenó de muertes y de llanto. Ultimamente, habiéndose apoderado de gran número de pueblos, y de los más sin derramar una gota de sangre, resuélvese á otra empresa, no de tantos embarazos, pero de igual dificultad á la de Capsa. No léjos del rio Muluca, que era el lindero de los reinos de Jugurta y Boco, se elevaba en medio de una gran llanura un monte formado de peñascos, harto espacioso y sumamente alto, en que habia una mediana poblacion, sin más que una entrada muy estrecha; porque todo él era por su naturaleza un precipicio, como si se hubiera hecho á mano y de propósito. Esta conquista deseaba hacer Mario con el mayor empeño, por saber que Jugurta tenía allí sus tesoros, y aunque el pensamiento le salió bien, se debió más á una casualidad que á su prudencia. Porque el lugar estaba muy abastecido de gente, de armas y provisiones; tenía agua viva, y no podian abrirse alderredor trincheras ni levantarse torres ni otras máquinas: el camino sumamente angosto y cortado de un lado y de otro. Ni los manteletes se adelantaban sino con mucho riesgo y sin fruto alguno, porque apénas se acercaban á la muralla, cuando el fuego y piedras que arrojaban los sitiados los abrasaban ó deshacian. Tampoco fuera de ellos podian los soldados mantenerse, por la desigualdad del terreno; ni áun cubiertos andaban sin peligro. Los que querian señalarse, caian luégo muertos ó heridos, con lo que se aumentaba el miedo de los otros.

Mario, despues de haber perdido mucho tiempo y trabajo, andaba vacilante y dudoso si abandonaria la empresa, visto que nada adelantaba, ó si permaneceria en ella esperando el favor de la fortuna, que tantas veces habia experimentado. Pero despues de haber muchos dias y noches andado inquieto eñtre estas dudas, sucedió acaso que un Ligur, soldado raso de las cohortes auxiliares, habiendo salido de los reales por agua, advirtió no léjos del sitio por donde el lugar se combatia, que serpeaban entre aquellas peñas algunos caracoles; y habiendo cogido uno ú otro, y despues en más cantidad, embebecido en esto, fué poco á poco subiendo casi hasta lo más alto del monte; y asegurado de que no habia por aquella parte gente, púsose, como es natural, á registrar por curiosidad aquel país nuevo. Habia, por for-

tuna, en el mismo sitio una grande encina
entre las peñas, en parte algo inclinada, el
resto derecha y erguida, segun la naturaleza
de todo vegetable. El Ligur, asido unas veces á sus ramas, otras á los peñascos que so-
bresalian algun tanto, forma en su idea muy
á su salvo el plano de la fortaleza, porque todo
el pueblo estaba en el opuesto lado atento á
los que combatian; y habiendo explorado
bien cuanto hizo juicio que despues podria
conducir, vuelve á bajar por el mismo camino, pero no ya sin cuidado, como á la subida, sino tanteándolo y examinándolo todo.
Vase despues de esto en derechura á Mario,
cuéntale el suceso, y le exhorta á que dé un
tiento á la plaza por la parte por donde él
habia subido, ofreciéndose á guiar la gente
y acompañarla en el peligro. Mario envia
con él algunos de los que se hallaban presentes para examinar su propuesta, de los
cuales unos vuelven diciendo que era empresa difícil, otros que no, segun que eran
más ó ménos animosos. El Cónsul, no obstante esta variedad, entró en alguna esperanza del suceso, y así escoge entre los trom-
peteros y cornetas del ejército cinco los más
ágiles; dales para su defensa cuatro compa-

ñías, mandando que al dia siguiente, señalado para la ejecucion, estén todos á las órdenes del Ligur.

Cuando á éste, segun el designio que habia formado, le pareció tiempo, dispuesto y prevenido lo necesario, encamínase al sitio. Los Capitanes, instruidos por su conductor, habian, junto con la tropa, mudado de armas y vestido: iban con la cabeza descubierta y descalzos, para ver más libremente y trepar mejor por las peñas: llevaban al hombro sus espadas y los escudos al modo de los Númidas, de cuero, así para evitar peso, como porque hiciesen ménos ruido, si acaso se encontraban. El Ligur iba delante, poniendo cuerdas en las peñas y en los raigones viejos de las matas, á fin de que afianzados en ellos los soldados, tuviesen ménos dificultad en el subir. Alguna vez daba la mano para ayudar á los que veia temerosos por lo agrio del camino: donde la subida era más difícil, los iba enviando delante uno á uno sin armas; luégo subia él con ellas, explorando muy cuidadosamente los parajes de dudoso apoyo; y subiendo y bajando muchas veces, y dejando luégo el lugar desembarazado, alentaba á los demas para que subiesen. Al fin, despues de una grande y prolija fatiga, llegan á la plaza, que hallaron por aquel lado desamparada, porque toda la gente estaba, como los dias pasados, empleada contra el enemigo. Mario, sabido por los avisos que le daban el estado de la empresa, aunque todo el dia habia tenido á los Númidas ocupados en la defensa, entónces, exhortando á los soldados, preséntase al enemigo fuera de los reparos, formando con los escudos una concha de tortuga; y hace que al mismo tiempo las máquinas y los ballesteros y honderos disparen desde léjos, para desviar de la muralla al enemigo. Pero los Númidas, como habian ya otras veces trastornado y pegado fuego á los manteletes, no cuidaban de resguardarse con las almenas de la muralla, sino que de noche y áun por el dia combatian á cuerpo descubierto, maldiciendo á los Romanos, tratando á Mario de loco, y amenazando á los nuestros con que serian esclavos de Jugurta: en suma, la prosperidad los habia hecho insolentes. Entre tanto, cuando estaban más empeñados los Romanos y los enemigos en la accion, peleando con el mayor esfuerzo, unos por la gloria y el Imperio, otros por la libertad y por la vida, suenan de repente por el opuesto lado las trompetas; y al principio echan á huir las mujeres y los niñcs, que se habian adelantado para ver el combate; despues otros, segun estaban más cerca de la muralla; y últimamente todos, armados y desarmados. Visto esto por los Romanos, cargan con mayor fuerza y desbaratan á los enemigos; hieren á los mas de ellos, sin acabarlos de matar: despues, ansiosos de gloria, rompen peleando derecho al muro por encima de los caidos, sin detenerse nadie en el despojo. De esta suerte habiendo la fortuna enmendado la temeridad de Mario, su mismo yerro le concilió alabanza.

Miéntras pasaba esto, llegó á los reales con un gran cuerpo de caballería el cuestor Lucio Sila, que se habia quedado en Roma para recoger los socorros del Lacio y de los confederados. Pero ya que nos presenta el asunto á un varon tan grande, razon será decir aquí algo de su natural y sus costumbres, pues no hemos de hablar de esto en otra parte, y porque juzgo que Lucio Sisena, que es quien mejor y con más exactitud ha tratado de sus cosas, habló con ménos libertad de la que conviene á un historiador. Fué Sila de gente patricia, de una familia casi del todo obscurecida por la flojedad de sus mayores. Sabía igualmente las lenguas latina y griega en el más alto grado: era de grande espíritu, amigo de placeres; pero más de gloria: vivia en tiempo de ocio delicadamente; pero jamás descuidó por eso de lo que estaba á su cargo, bien que en cuanto á su mujer pudiera haberse portado con más decoro. Era afluente, astuto, accesible á los que querian su amistad; de una increible profundidad de ingenio para disimular: daba francamente cuanto tenia, y especialmente el dinero; y con haber sido el hombre más feliz de cuantos se conocieron, jamás fué su fortuna superior á su merecimiento; de suerte que dudaban muchos si era más esforzado ó venturoso. Hablo de él ántes de la guerra civil, porque lo que despues hizo no sé si causa más vergüenza ó fastidio referirlo.

Sila, pues, habiendo, como se dijo ántes, llegado á Africa y á los reales de Mario con la caballería, siendo así que hasta entónces ignoraba enteramente el arte militar, se aventajó muy presto en su pericia á todos. Llegábase á esto su cortesanía y liberalidad con los soldados, á quienes daba cuanto le pedian, y á muchos áun ántes: él nada admitia sino con repugnancia; y si admitia, era más puntual en pagarlo que si fuese empréstito, descuidando enteramente de recobrar lo que á otros daba, y procurando á toda costa que le debiesen más. Gastaba chanzas, y trataba asuntos serios áun con las gentes más humildes: asistia con frecuencia á los trabajos, á las filas, á las rondas, sin tomar jamás en boca (como suelen hacer los ambiciosos) al Cónsul ni á sujeto alguno acreditado, ni poner la mira sino en que nadie se le aventajase en prudencia ni en valor, y en adelantarse á todos. Por estos medios muy en breve se granjeó la benevolencia de Mario y de los soldados.

Jugurta, despues de haber perdido á Capsa y á otros lugares fuertes é importantes, con gran parte de sus tesoros, envia á decir á Boco, «que pase cuanto ántes con su ejército »á Numidia: que era ya tiempo de obrar:» mas viendo que éste lo diferia y buscaba pretextos dudando si abrazaria la paz ó la guerra, cohecha de nuevo á sus confidentes, y ofrécele la tercera parte de su reino si se lograba echar á los Romanos de Africa ó se ajustaba la paz sin perder nada de sus Estados. Inducido con esta promesa Boco, vase á

Jugurta con gran número de gente, y juntos los dos ejércitos acometen á Mario, que estaba ya en marcha para tomar cuarteles, cuando quedaba poco más de una hora de dia; por parecerles que la cercana noche les serviria de abrigo en caso de ser vencidos, y si salian con victoria, no les seria de estorbo para usar de ella, por ser prácticos del terreno, y que al contrario los Romanos en uno y otro caso se habian de hallar muy embarazados con la obscuridad. Lo mismo, pues, fué recibir el Cónsul los avisos de que venía el enemigo, que tenerlo ya sobre sí; y ántes de formarse nuestro ejército y de recogerse el bagage; en suma, ántes que pudiese darse la señal ni recibirse órden alguna, los caballos moros y getúlos arrójanse sobre los nuestros, no escuadronados ni en forma de batalla, sino á pelotones, segun la casualidad los habia juntado; y aunque al principio con la impensada alarma lograron conturbarlos, recobrándose luégo, y volviendo á su acostumbrado valor, toman las armas para defenderse á sí, y dar lugar á que otros las tomasen; parte monta á caballo, y va á encontrar al enemigo; de suerte que más que batalla parecia la accion sorpresa de ladrones: infantes y caballos, sin órden y sin banderas, andaban mezclados y revueltos, matando á unos, hiriendo á otros, y cogiendo por las espaldas á muchos que peleaban gallardamente con los enemigos, sin que ni su valor ni sus armas pudiesen defenderlos, por ser éstos superiores en número y hallarse por todas partes. Finalmente, nuestros veteranos aguerridos, y á su ejemplo los nuevos, cuando los juntaba el lugar ó la casualidad, formaban un círculo, y así escuadronados y defendidos por todas partes, sostenian el ímpetu del enemino.

Ni Mario en un conflicto tan grande se amedrentó ó mostró ménos valor que por lo pasado, sino ántes bien, girando por todas partes con su escuadron, compuesto, no de sus más allegados, sino de los más valerosos, socorria unas veces á los que peligraban, otras rompia por medio de los enemigos donde estaban más apiñados, haciendo con la mano señas á sus soldados para que se animasen, pues en aquella turbacion no podian entenderse sus órdenes. Habíase ya acabado el dia, y ni entónces aflojaban los bárbaros; ántes bien, segun les habian prevenido sus Reyes, por creer que la noche les sería favo-

rable, cargaban con mayor furia. Mario en
aquel estrecho toma su resolucion lo mejor
que puede; y á fin de que los suyos asegurasen la retirada, ocupa dos collados poco
distantes entre sí, de los cuales el uno, aunque no era capaz de todo el ejército, tenía
una gran fuente; el otro era muy á propósito
para acampar, porque como gran parte de
él fuese pendiente y quebrada, necesitaba
de poca fortificacion. Hace apostar por la
noche á Sila junto al agua con su caballería;
reune poco á poco por sí mismo á los soldados derramados, aprovechándose del no menor desórden de los enemigos, y despues se
retira á todo andar con los suyos al collado.
De esta suerte los Reyes, no pudiendo seguirle por lo escabroso del sitio, vense obligados
á dejar el combate; pero no permiten que
sus gentes se alejen, ántes bien, cercando
con su muchedumbre ambos collados, se alo-
jan esparcidos á la redonda; y despues en-
cendiendo muchos fuegos, pasan lo más de
la noche en alegrías á su modo con grandes
voces y algazara. Hasta los mismos Capitanes estaban muy ufanos; y solo porque no
habian desamparado el campo de batalla
se tenian por vencedores. Todo esto, que los

Romanos entre la obscuridad, y desde la altura que ocupaban, veian claramente, les infundia grande aliento.

Pero en especial á Mario, el cual, asegurado de la poca pericia militar de los enemigos, manda observar un silencio profundo, y que ni áun toquen las trompetas, segun se acostumbraba al mudar las guardias. Despues, cuando ya queria amanecer, ó hizo juicio de que los enemigos estarian cansados y vencidos del sueño, manda que las rondas, los trompetas de las cohortes y legiones, y los cornetas de la caballería toquen á un mismo tiempo, y que los soldados con gran gritería salgan de los reales. Los Moros y Getúlos, dispertando repentinamente con tan extraño y horrible estruendo, no acertaban á huir ni á tomar las armas, ni obrar podian ni dar disposicion alguna: de tal suerte los traia desacordados el alboroto y clamor, no ménos que la turbacion, el terror y espanto, y el ver que de los suyos nadie les socorria, y que los nuestros más los estrechaban. Finalmente, todos fueron desordenados y puestos en huida; sus armas y banderas en la mayor parte tomadas, y el número de los muertos fué mayor en sola aquella batalla

que en todas las pasadas, porque el sueño y
el extraño pavor impidieron la fuga.

Mario prosiguió su camino á los cuarteles,
que habia resuelto tener cerca de la costa,
por la comodidad de los bastimentos, sin que
la victoria le hiciese descuidar ni ensober-
becerse; ántes bien, no de otra suerte que si
tuviera á la vista al enemigo, caminaba formando con su gente un cuadro, cuya derecha mandaba Sila con la caballería, la siniestra Aulo Manlio con los honderos, los ballesteros y las cohortes de los Ligures: en la
frente y la espalda habia colocado las compañías ligeras á cargo de los Tribunos. Los
desertores, gente que no dolia, pero muy
práctica del terreno, exploraban el camino
de los enemigos. No obstante lo cual, el Cónsul atendia á todo, como si nada hubiera encargado á otros: hallábase en todas partes;
alababa ó reprehendia á los suyos segun el
merecimiento de cada uno; no dejaba las armas, ni se descuidaba un punto, obligando
con el ejemplo á que hiciesen lo mismo los
soldados; cuidaba, no ménos que de su marcha, de fortificar su campo en los descansos,
encargando la guarda de sus puertas á las cohortes de las legiones, y la campaña á la ca-

ballería auxiliar. Ponia además de esto tropa en los fortines de su atrincheramiento: hacía él mismo las rondas, no por recelo que tuviese de que dejarian de ejecutarse sus órdenes, sino porque viendo los soldados que el General partia con ellos el trabajo, le hiciesen de buena gana. Y á la verdad, Mario en esta ocasion, y en todo el tiempo de la guerra con Jugurta, contuvo en su deber al ejército, más por el pundonor que por el castigo; lo que unos atribuian á ambicion, otros á que hallaba gusto en la dureza misma á que desde niño se habia acostumbrado, y en lo que el vulgo llama trabajos. Lo cierto es, que la causa pública anduvo por este medio de blandura tan bien y noblemente administrada, como pudiera bajo del gobierno más severo.

Pasados cuatro dias, á poca distacia de la ciudad de Cirta, llegan á un mismo tiempo de todas partes los batidores muy apresurados, lo que indicaba acercarse el enemigo; pero como aunque venian por distintos caminos, y cada cual por su lado, no decia uno más que otro, dudando el Cónsul en qué modo ordenaria su gente, se resolvió al fin á esperar en el mismo sitio y formacion que traia, dispuesto para todo acontecimiento. De esta

suerte burló la expectacion de Jugurta, el
cual habia dividido en cuatro trozos su ejército, creyendo que alguno de ellos habia de
dar precisamente con los nuestros por las espaldas. Sila, que fué el primero á quien los
enemigos se acercaron, habiendo animado á
los suyos, embiste juntamente con otros á los
Moros, formando un escuadron muy apiñado;
los demas, firmes en sus puestos, procuraban
resguardarse de los dardos, que les disparaban desde léjos; y si osaba acercarse alguno,
moria luégo á sus manos. Miéntras peleaba
así la caballería, Boco con los infantes que
habia traido su hijo Volux, y no se habian
hallado en la primera batalla por haberse
detenido en el camino, embiste la retaguardia de los Romanos. Hallábase entónces Mario en la vanguardia, porque Jugurta cargaba mucho por aquella parte; el cual, sabida
la llegada de Boco, vase ocultamente con pocos á donde peleaba nuestra infantería, y dí-
cela en latin (cuyo idioma habia aprendido
en Numancia), «que en vano se esforzaba;
»que Mario poco ántes habia muerto á sus
»manos;» y mostraba, diciendo esto, su espada teñida en sangre de uno de nuestros infantes, á quien valerosamente acababa de

matar. Esto no dejó de asustar á los soldados, más por lo grande de la novedad, que porque diesen crédito al que lo decia; y al mismo tiempo los bárbaros, tomando aliento, estrechaban más á los nuestros ya consternados, de suerte que faltaba poco para ponerse en fuga; cuando Sila, habiendo derrotado á los que tenía por su frente, vuelve sobre los Moros, y los acomete por un costado, con lo que rechaza al instante á Boco. Jugurta, que por sostener á los suyos, y no querer soltar de las manos la victoria que casi tenía en ellas, se detuvo, viéndose rodeado de nuestros caballos y que habian muerto cuantos con él estaban, se escabulle solo por medio de los enemigos resguardándose de sus tiros. Mario entónces, ahuyentada la caballería enemiga, vuelve en socorro de los suyos, que habia oido estaban para ser rechazados. Finalmente, los enemigos fueron deshechos por todas partes. Entónces sí que aquellas dilatadas campañas presentaban un aspecto horrible: seguian unos el alcance, otros huian; todo era matar y hacer prisioneros; caballos y jinetes por el suelo: muchos ni huir podian por sus heridas, ni dejar de intentarlo; hacer por levantarse, y volver á caer luégo: últimamente, cuanto alcanzaba la vista se hallaba cubierto de dardos, armas y cadáveres, y los claros que habia estaban teñidos de sangre.

Despues de esto, el Cónsul, declarada ya del todo la victoria á su favor, llega á Cirta, adonde se encaminaba desde el principio; y cinco dias despues de la segunda derrota de los bárbaros, llegan mensajeros de parte de Boco á pedirle, «que le envie dos sujetos de »su mayor satisfaccion, porque desea tratar »con ellos de cosas que le importan á él, y »tambien al Pueblo romano.» Mario manda al instante ir á Lucio Sila y á Aulo Manlio; y aunque iban llamados, pareció conveniente que hiciesen su arenga al Rey, bien para disuadirle, si le veian poco inclinado á la paz, ó para confirmarla en su pensamiento, si la deseaba. Sila, pues, á cuya elocuencia cedió Manlio su vez, no obstante que era mayor de edad, habló brevemente á este modo:

«Grande es, rey Boco, nuestra alegría al »ver que á un varon cual tú eres los dioses »han inspirado al fin que quieras más la paz »que la guerra, y que no sufras ver mancha-»da tu reputacion, permaneciendo aliado con »el más perverso de los hombres, Jugurta; »con lo que nos libras de la dura necesidad

»de perseguirte á tí sin más delito que haber
»sido engañado, igualmente que á él, que
»tanto lo merece por sus maldades. Además
»que el Pueblo romano, áun en los principios,
»cuando era muy limitado su poder, creyó
»siempre que debia buscarse amigos, ántes
»que esclavos; teniendo por mejor hacerse
»obedecer por via de blandura, que por la
»fuerza. Ni para tí puede haber amistad
»más útil que la nuestra, ya porque estamos
»muy distantes, con lo que hay ménos oca-
»siones de disgustos, y el provecho es el
»mismo que si estuviéramos cerca, ya por-
»que súbditos tenemos bastantes, amigos ni
»á nosotros ni á nadie sobraron jamás. Y
»ojalá lo hubieras tú sido nuestro desde el
»principio, que harto más bienes hubieras
»recibido hasta aquí del Pueblo romano, que
»males has tenido que sufrir. Pero ya que la
»fortuna, árbitra de las cosas humanas, ha
»dispuesto que experimentases nuestras fuer-
»zas, y que la misma te ofrece ahora nuestra
»amistad, abrázala, pues te lo permite, sin
»detencion: prosigue como empezaste; pro-
»cura que tus servicios excedan á tus yer-
»ros, ya que tanta oportunidad tienes para
»ello; y últimamente, fija en tu pecho la má-

»xima de que al Pueblo romano nadie ha
»vencido hasta ahora en generosidad, toda
»vez que sabes lo que puede con las armas.»

A esto respondió plácida y cortésmente
Boco, y juntamente se disculpó algun tanto
con que él no habia tomado las armas para
insultar á nadie, «sino por defender su reino,
»y por no poder sufrir que la parte de Numi-
»dia de donde habia sido echado Jugurta (la
»cual le pertenecia por la convencion que
»con él tenía hecha), se devastase; fuera de
»que habiendo ántes solicitado en Roma la
»paz por medio de sus mensajeros, no la ha-
»bia podido conseguir; pero que omitiendo
»cosas pasadas, si ahora Mario lo permitia
»enviaria de nuevo sus embajadores al Se-
»nado.» No hubo dificultad en ello; pero el
bárbaro dejóse enteramente vencer de los
ruegos de sus confidentes, á quienes Jugurta, sabida la embajada de Sila y Manlio, y
temiendo las resultas de ella, habia corrompido con dinero.

Entre tanto Mario, dejando acuartelado el
ejército, vase con algunas cohortes expeditas
y parte de la caballería por tierras desiertas
á poner sitio á un alcázar real, donde Jugurta habia puesto de guarnicion á todos nues-

tros desertores. Boco entónces, bien que reflexionase lo mal que le habia ido en las dos batallas, ó aconsejado de algunos á quienes no habia podido ganar Jugurta, toma de nuevo su resolucion, y escogiendo cinco entre todos sus amigos, sujetos de la mayor confianza y destreza en los negocios, mándales que vayan á Mario, y si á éste le pareciere bien, pasen á Roma, con facultad de tratar las cosas y ajustar de un modo ó de otro la paz. Parten, pues, sin pérdida de tiempo á los cuarteles de los Romanos; pero habiendo en el camino caido en manos de unos salteadores Getúlos, que los despojaron, llegan adonde estaba Sila (á quien el Cónsul en su ausencia habia dejado en calidad de Propretor) despavoridos y sin el decoro correspondiente á su carácter. Tratólos Sila no segun merecian, esto es, como á enemigos volubles y engañosos, sino con mucha cortesanía y y liberalidad; con lo que los bárbaros depusieron el concepto que tenian de la avaricia de los Romanos, y áun llegaron á creer, viendo la generosidad de Sila, que les era amigo; porque áun entónces se conocia poco el dar interesado; á nadie creian dadivoso sino al que queria bien; y así cuanto se daba, se atribuia á nobleza de corazon. Abrense, pues, con él, diciéndole á lo que Boco los envia, y le ruegan que les favorezca y aconseje; pero sin olvidarse de encarecer cuanto pudieron el poder, la fidelidad y la grandeza de su Rey, con otras cosas conducentes para la paz, ó que podian granjearle nuestra benevolencia. Sila les ofreció cuanto pedian; y habiéndolos instruido del modo con que habian de hablar á Mario y al Senado, esperaron allí como unos cuarenta dias á que llegase el Cónsul.

Vuelto éste á Cirta sin haber logrado el fin de su expedicion, y sabiendo la venida de los mensajeros, dispone que vayan con Sila á hablarle, y que se llame de Utica á Lucio Belieno, Pretor, y á cuantos se hallasen en aquellos contornos, del órden Senatorio: oye en presencia de todos la embajada de Boco, y queda acordado que los mensajeros puedan pasar á Roma, y que en el entre tanto hubiese tregua, como lo pedian. De este parecer fué Sila, y la mayor parte de los concurrentes, bien que hubo algunos que, con poca reflexion de la instabilidad de las cosas humanas y de los reveses de la fortuna, lo repugnaron agriamente. Obtenido por los mensajeros cuanto querian, vanse tres de ellos á Roma en compañía de Cneo Octavio Rufon, Cuestor, que habia pasado á Africa con las pagas: los otros dos se vuelven para Boco, al cual contaron cuanto les habia pasado en su viaje, y especialmente la generosidad y afecto con que los habia tratado Sila. Á los primeros, despues de haber confesado el yerro de su Rey, por haberse dejado engañar de Jugurta, en punto de la paz y alianza que solicitaban se les dió en Roma la respuesta siguiente:

«El Senado y Pueblo romano conserva »siempre la memoria no sólo de los benefi- »cios, sino tambien de los agravios que se le »hacen. Concede el perdon á Boco, porque »está arrepentido de su yerro: la amistad y »alianza se la concederá cuando la merecie- »re con sus servicios.»

Sabido esto por Boco, escribe á Mario, pidiéndole que le envie á Sila para tratar con él de los intereses comunes. Pasa éste allá escoltado de algunos infantes y caballos, de los honderos Mallorquines, y además de esto de los ballesteros y la cohorte Peligna, armada á la ligera, así para adelantar camino como porque aquellas armas resistian bastante á los dardos y flechas enemigas, que no son sobrado fuertes. Pero despues de cinco dias que caminaban, aparécese de repente en una llanura Volux, hijo de Boco, el cual no traia sino mil caballos; pero como venian sin formacion alguna y derramados, hacian parecer á Sila y á los suyos que era mayor número, y daban algun recelo de que fuese el enemigo. Comienza, pues, cada uno á prevenirse, y á requerir y poner á punto sus armas, no sin algun temor, pero siempre con mayor esperanza, como sucede á los vencedores cuando han de pelear con aquellos á quienes en muchas ocasiones han vencido. Entre estas dudas, los de á caballo, enviados á hacer la descubierta, vuelven con la noticia de que eran amigos.

Llegado Volux, pregunta por el Cuestor, y le dice, «que viene de órden de su padre á »recibirlo y á escoltarlo al mismo tiempo.» Con esta seguridad caminaron juntos aquel y el siguiente dia. Pero al caer de la tarde, cuando habian ya sentado sus reales, llégase de repente el Moro, demudado el rostro y despavorido, á decir á Sila, «que acababa de »saber por sus espías que Jugurta estaba »cerca,» y ruégale con la mayor instancia que se parta de allí con él ocultamente aquella noche. Óyelo Sila con enfado, y le asegura «que está muy léjos de temer al Nú- »mida, á quien tantas veces ha vencido; que »tiene gran confianza en el valor de sus sol- »dados, y que aunque supiese con certidum- »bre que habia de perderse, aguardaria allí, »ántes que desamparar traidoramente á los »que estaban á su cargo, por conservar, hu- »yendo con afrenta, una vida de incierta du- »racion, y que tal vez cortaria muy presto »alguna enfermedad.» Pero habiéndole despues propuesto que á lo ménos levantase por la noche el campo, aprueba el pensamiento, y manda que los soldados, despues de cena, permanezcan en los reales, enciendan en ellos muchos fuegos; despues de lo cual marchan secretamente á la primera hora. El dia siguiente, al mismo apuntar el sol, cuando disponia Sila el acampamento para sus gentes, que venian cansadas de caminar toda la noche, llegan los Moros batidores de á caballo con el aviso de que Jugurta se habia acampado á distancia como de dos millas, y en un sitio por donde precisamente habian de pasar. Sabido esto por los nuestros, entónces sí que dejaron poseerse del terror, creyendo que Volux los habia traido engañados y vendido; hasta haber quien dijese que se le debia castigar y no dejar una maldad tamaña sin el pago merecido.

Pero Sila, no obstante que recelaba lo mismo que todos, asegura lo primero á Volux de todo insulto, y exhorta á los suyos «á »que se porten con valor. Díceles que ya »han visto en cuántas ocasiones poco número »de soldados valerosos ha triunfado de una »gran muchedumbre; que cuanto con más »denuedo expongan sus vidas, tanto estarán »más seguros; que será cosa vergonzosa que »hombres con las armas en las manos apelen »para salvarse á los piés que no las tienen, »y que en la ocasion del mayor peligro vuel- »van al enemigo la parte del cuerpo más des- »nuda é indefensa.» Despues, llamando á Júpiter por testigo de la maldad y traicion de Boco, manda que Volux, ya que se portaba como enemigo, salga del campo. Este, todo era disculparse y pedir á Sila con lágrimas, «que nada sospechase, que no habia »engaño, que todo eran astucias de Jugurta, »el cual sabía menudamente por sus espías »cuantos pasos daba; pero que se persuadia »que Jugurta, ya por llevar consigo poca

»gente, ya porque sus cosas y esperanzas
»pendian enteramente de su padre, no ten-
»dria valor para intentar cosa alguna á las
»claras, estando él á la vista. Por tanto, que
»en su dictámen sería lo mejor atravesar sus
»reales francamente; que él iria solo en com-
»pañía de Sila, enviando delante á sus Moros,
»ó haciéndolos quedar donde estaban.» Pareció bien la propuesta en aquel apuro; y
marchando al instante, como su llegada improvista sobrecogió á Jugurta, miéntras
dudada qué resolucion tomaria, pasan sin
daño alguno, y dentro de breves dias llegan
al lugar adonde se encaminaban.

Trataba mucho y muy familiarmente allí
con Boco cierto Númida llamado Aspar, á
quien Jugurta, desde que supo el llama-
miento de Sila, habia hecho ir por su Enviado, con encargo al mismo tiempo de explorar
artificiosamente cómo pensaba el Rey. Otro
habia en su corte llamado Dabar, hijo de Ma-
sugrada, de la familia de Masinisa; pero desigual por línea materna, porque su padre
era hijo de concubina. Tenía éste por sus
prendas mucha cabida en la gracia y estimacion de Boco; el cual, sabiendo por varias
experiencias que era fiel á los Romanos, lo

envia al instante á decir á Sila: «que estaba
»dispuesto á hacer cuanto el Pueblo romano
»quisiese; que fijase dia, lugar y tiempo para
»una conferencia; que en lo que con él habia
»acordado no habia mudanza alguna, y así
»que nada recelase del mensajero de Jugur-
»ta; que lo habia admitido para tratar con
»ménos embarazo de los intereses de ambos,
»pues de otra suerte no podia precaverse
»contra sus asechanzas.» Mas yo tengo averiguado que Boco, con trato doble, y no por
lo que manifestaba en lo exterior, iba entre-
teniendo á los dos partidos con esperanzas
de paz; que muchas veces dudó consigo
mismo, si pondria á Jugurta en poder de los
Romanos, ó entregaria á Sila á los Númidas;
que su inclinacion nos era contraria, pero su
miedo favorable.

Sila satisfizo á esto diciendo: «que delante
»de Aspar hablaria poco; que el resto habia
»de pasar en secreto, con ninguno ó con los
»ménos testigos que ser pudiese;» y al mismo
tiempo le instruyó de lo que el Rey le habia
de responder. Llegado el caso de la conferencia en la forma que se habia tratado, dice
Sila á Boco, «que el Cónsul lo habia enviado
»á preguntarle si estaba en ánimo de hacer

»la paz, ó de continuar la guerra;» á lo que
el Rey, segun el anterior acuerdo, respondió
que nada habia aún resuelto; que volviese
dentro de diez dias, y sabria su determinacion. De esta suerte se partió cada uno para
su acampamento; pero despues de la media
noche, llama Boco en secreto á Sila, sin más
testigos de una y otra parte que los intérpre-
tes de la mayor confianza; luégo el interlo-
cutor Dabar jura religiosamente á satisfaccion de ambos, y el Rey comienza así:

«Jamás creí que un Rey cual yo soy, el
»mayor que en estas tierras se conoce, y el
»más poderoso de cuantos tengo noticia, pu-
»diese estar en obligacion á un particular.
»De mí te aseguro, oh Sila, que ántes de co-
»nocerte, he ayudado á muchísimos que han
»implorado mi favor, y á otros sin pedirlo;
»pero que jamás he necesitado á nadie. El no
»poder ya decirlo así, cosa que para otros
»fuera tan sensible, para mí es de grande
»alegría; pues el haber yo necesitado alguna
»vez, me ha producido tu amistad, que apre-
»cio en más que cuanto tengo, como puedes
»en la hora experimentar. Armas, gente, di-
»nero, y cuanto te viniere al pensamiento,
»lo tienes á tu arbitrio; toma, usa de ello se-

»gun quisieres; y miéntras vivas, nunca te
»des por satisfecho, porque en mi gratitud
»siempre se conservará entera la memoria
»de lo que te debo. En suma, nada apetece-
»rás que no consigas si llego yo á saberlo;
»porque en mi juicio, ménos vergonzoso es
»para un Rey ser vencido por las armas que
»en generosidad. Ahora, por lo que toca á la
»República, cuyo encargo te ha traido acá,
»te digo en breve: que yo jamás hice ni quise
»que otro hiciese guerra al Pueblo romano;
»lo que he hecho es defender mis límites,
»oponiendo fuerza á fuerza; pero quede esto
»á un lado. Vosotros, pues lo quereis así,
»haced la guerra á Jugurta como mejor os
»parezca. Yo no pasaré jamás el rio Muluca,
»que desde Micipsa ha sido el lindero comun
»de nuestro imperio; ni permitiré tampoco
»que Jugurta lo pase. En lo demas, si otra
»cosa quisieres digna de mí y de vosotros, te
»la concederé gustoso.»

A esto respondió Sila muy poco, y con
gran modestia en lo que miraba á sí; pero
en lo tocante á la paz y á la República se
alargó mucho; y al fin vino á declararle,
«que el Senado y Pueblo romano no se satis-
»faria con sus ofertas, pues le obligaba á ha-

»cerlas la necesidad y el haber sido vencido;
»que era menester hacer algo en que se viese
»más el interes de la República que el suyo,
»lo que le era muy fácil, pues tenía en su
»mano á Jugurta; que si lo entregaba, le
»quedaria el Pueblo en la mayor obligacion,
»y la amistad y alianza, juntamente con la
»parte de Numidia que ahora solicitaba, se
»le vendrian entónces de suyo á las manos.»
El Rey en los principios lo rehusó muchas
veces, «alegando la amistad, el parentesco
»y la alianza que con él tenía, y asimismo el
»recelo de que si faltaba á su fe y palabra,
»enajenaria de sí los ánimos de sus vasallos,
»que amaban á Jugurta y aborrecian á los
»Romanos.» Pero vencido al fin de las ins-
tancias de Sila, se rinde, y le promete hacer
en todo segun su voluntad; y para fingir que
trataban de paz (que era lo que deseaba con
la mayor ánsia Jugurta, cansado de tan
larga guerra), se buscaron algunos coloridos
á propósito, y urdido de este modo el engaño, se disuelve el congreso.

Al dia siguiente llama el Rey á Aspar, enviado de Jugurta, y dícele, «haber entendido
»de Sila, por medio de Dabar, que la paz po-
»dria ajustarse mediante algunas condicio-

»nes; y así, que explorase la intencion de su
»Rey.» Aspar vase muy alegre á los reales
de Jugurta, y habiéndole éste declarado su
voluntad, vuelve con gran prisa despues de
ocho dias á Boco, y dícele, «que Jugurta es-
»taba dispuesto á cuanto se le mandase, pero
»que desconfiaba de Mario, porque ninguno
»de los acuerdos hechos por él hasta entón-
»ces con los Generales romanos habia te-
»nido efecto; por lo que, si Boco deseaba mi-
»rar por ambos, y que la paz fuese estable y
»segura, procurase que, so color de tratar de
»ella, se tuviese una junta en que los tres
»concurriesen, y allí le entregase á Sila; que
»si él lograba tener en su poder á un hombre
»de aquella esfera, sin duda el Senado y Pue-
»blo romano mandaria efectuar el tratado,
»por no abandonar á un personaje tan ilus-
»tre, que no por cobardía suya, sino por el
»bien de la República, habia caido en manos
»del enemigo.»

Boco, despues de haber dado en su ánimo
mil vueltas á esta propuesta, ofrece al fin
que lo ejecutaria. Si el tardar en resolverse
fué ficcion ó verdadera repugnancia, no
puedo asegurarlo; lo cierto es que los deseos
de los Reyes, por lo mismo que son más ve-

hementes, suelen ser ménos estables, y áun á veces contrarios entre sí. Señalado tiempo y lugar para tratar de la paz, Boco llamaba unas veces á Sila, otras al enviado de Jugurta, hablando cortésmente á entrambos, y ofreciendo á cada uno que le pondria á su enemigo en las manos, con lo que ellos estaban contentos y al mismo tiempo muy esperanzados. La víspera en la noche del dia aplazado para el congreso, llama el Moro á sus confidentes; pero mudando repentinamente de parecer, despídelos; y habiendo quedado solo, dícese que estuvo mucho tiempo batallando consigo mismo, demudado el semblante y el color, y atribulado á un tiempo mismo de ánimo y de cuerpo, cuyos ademanes, áun callando él, descubrian su interior agitacion. Pero al fin manda llamar á Sila, y por su direccion arma el lazo al Númida. Venido que fué el dia, y avisado Boco de que Jugurta estaba no léjos de allí, sale, como por hacerle obsequio, con pocos de sus amigos y con nuestro Cuestor, á encontrarle hasta un colladito que tenian muy á la vista los que estaban emboscados. Llega á aquel sitio Jugurta con los más de sus parientes y amigos, sin armas, segun estaba convenido;

y habiéndose dado la señal, embístenle por todas partes los que le esperaban. Cuantos con él venian fueron muertos; Jugurta atado y entregado á Sila, quien lo condujo á Mario.

Por este tiempo nuestros capitanes Quinto Cepion y Marco Manlio fueron rotos por los Galos, cuya noticia hizo estremecer á toda Italia; por lo que ya entónces, y hasta nuestra edad, solia decirse que todo lo demas era fácil de superar al valor de los Romanos, pero que con los Galos no se peleaba por ganar gloria, sino por la libertad y por la vida. Mas cuando se supo en Roma que se habia concluido la guerra de Numidia, y que traian preso á Jugurta, Mario fué reelegido Cónsul en ausencia, y se le encargó la administracion de la Galia. Llegado á Roma, triunfó con grande aplauso en las Calendas de Enero, primer dia de su nuevo consulado; y desde aquel tiempo estaban puestas en él todas las esperanzas y la felicidad de la República.

FRAGMENTOS
DE LA GRANDE HISTORIA.

FRAGMENTOS
DE LA GRANDE HISTORIA.

DISCURSO

DE M. EMILIO LÉPIDO AL PUEBLO ROMANO

CONTRA SILA.

Vuestra clemencia y probidad, ¡oh Quirites! que os hacen famosos y esclarecidos entre las gentes extrañas, me infunden más temor á la tiranía de Sila. Quizá resistiéndoos á creer de otros los hechos que juzgais nefandos, seais engañados (sobre todo cuando él funda sus esperanzas en el delito y en la perfidia, y no se juzga seguro si no se muestra peor y más odioso que lo que temeis vosotros, para que la desgracia quite á vosotros, cautivos, el cuidado de la libertad); y si procurais evitarlo, esteis más ocupados en defenderos de los peligros que en vengaros. Sus satélites, hombres de esclarecido linaje é insignes por las acciones de sus antepasados, compran con su esclavitud el privilegio de tiranizaros (cosa de que no acabo de admirarme), prefiriendo esta doble esclavitud al derecho de obrar libremente y segun ley. ¡Ilustre descendencia de los Brutos, Emilios y Lutacios, nacida para destruir lo que sus mayores con el valor edificaron! ¿Qué otra cosa se defendió contra Pirro, Aníbal, Philipo y Antíoco, sino la libertad y la casa de cada uno, y el obedecer tan sólo á las leyes? Todo esto lo retiene este cruel Rómulo, como si lo hubiera conquistado de los extraños, sin saciarse con la destruccion de tantos ejércitos, ni de los cónsules y varones principales con quienes ha acabado la guerra; sino tanto más cruel, cuanto más feliz, siendo así que la felicidad suele convertir la ira en misericordia. Él sólo, en cuanto recuerda la memoria humana, impuso suplicios á los que áun no habian nacido, recayendo en ellos la injuria ántes que la vida; y ahora, seguro con la impunidad de sus crímenes, se despeña á toda maldad, miéntras vosotros, temiendo más grave esclavitud, teneis miedo á empeñaros en recobrar la libertad.

¡Oh Quirites! conviene resistir, para que

vuestros despojos no caigan en sus manos.
No se ha de dilatar la empresa, ni pedir auxilios, ni importunar á los Dioses con plegarias, á no ser que espereis que cansado ó
avergonzado de la tiranía renuncie él con peligro propio la dominacion adquirida con el
crímen. Pero él ha llegado á tal punto, que
no estima glorioso sino lo seguro, y todo lo
juzga honesto con tal que contribuya á afir-
mar su dominacion. Aquel reposo y ocio con
libertad, que muchos preferian á los honores
con trabajo, vienen á quedar reducidos á
nada. En tal conflicto hay que servir ó mandar: hay que tener miedo ó infundirle, ¡oh
Quirites! Además, ¿qué ley humana ó divina no ha sido violada? El Pueblo romano,
moderador ántes de las gentes, despojado
ahora de su imperio, gloria y derechos, sin
medios de accion, despreciado, ni siquiera
conserva los recursos y alimentos serviles.
Gran parte de los aliados y de los moradores
del Lacio, á quienes por sus muchas y excelentes hazañas habiamos concedido la ciudadanía, son excluidos de ella por voluntad de
uno solo, y unos pocos satélites han ocupado
los patrios lares de un pueblo inocente, como
premio de sus delitos. Las leyes, los juicios,

el erario, las provincias, los reyes, están en poder de uno solo: lo mismo la vida ó muerte de los ciudadanos. Habeis visto víctimas humanas y sepulcros teñidos en sangre. ¿Queda á los romanos otro recurso que castigar la injuria ó morir con valor, ya que la naturaleza ha impuesto á todos los hombres (áun defendidos por el hierro) el mismo fin, y nadie, á no tener condicion mujeril, espera el término de su vida sin defenderse?

Pero yo soy sedicioso, segun Sila dice, porque busco el premio de las turbas; soy amigo de la guerra, porque pido los derechos de la paz. Será porque no podeis estar salvos ni seguros en el Imperio si Vettio Picentino ó el scriba Cornelio no malgastan los bienes ajenos, si no aprobais las proscripciones de los inocentes, sólo por sus riquezas, los suplicios de tanto varon ilustre, las devastaciones y matanzas de la ciudad, los bienes de los infelices ciudadanos puestos en venta ó donados, como si fuesen despojos de los Cimbrios.

Me objeta Sila que tambien tengo yo bienes de los proscriptos. Como si no hubiera sido el mayor de sus crímenes el haber obligado á mí y á los demas, por temor, á comprarlos. Y sin embargo, lo que entónces compré por temor, ofrezco restituírselo á su dueño; ni consentiré jamás que se haga presa de los bienes de los ciudadanos. Basta haber tolerado que los Romanos se despedazasen entre sí, y que volviésemos contra nosotros las armas que debian emplearse contra nuestros enemigos. Basta de afrentas y delitos, aunque todavía no se arrepiente de ellos Sila, ántes los tiene por gloria, y si pudiera, los haria mayores. Más bien temo que tengais poca confianza en vuestras fuerzas que miedo de las suyas; quizá, esperando que alguno dé la señal, seais vencidos ántes, no por sus fuerzas, que son débiles y han venido á ménos, sino por vuestra desidia. Fuera de algunos satélites deshonrados, ¿quién le defiende? ¿quién no desea verlo cambiado todo despues de la victoria? ¿Quizá los soldados? Su sangre ha pagado las riquezas de Tarrullo y Scyrro, infames esclavos. ¿O aquellos á quienes se ha preferido para las magistraturas un tal Fusidio, torpísimo y lujurioso, escándalo de todas las dignidades? Confío mucho en un ejército vencedor que despues de tantos trabajos y heridas, sólo ha ganado un tirano. A no ser que por armas pretendan destruir la potestad tribunicia establecida por sus mayores, y arrebatar para sí el derecho de los juicios. ¡Gran premio tendrian, desterrados á las lagunas y á los bosques, contemplando su infortunio y vergüenza y que el premio habia recaido en unos pocos!

¿Por qué anda Sila con tanto ánimo y con una guardia tan considerable? Porque la felicidad sirve para ocultar los vicios; pero cuando la desgracia viene, el que ántes era más temido, es entónces más despreciado. Quizá se escude con los pretextos de concordia y paz (nombres que da á su maldad y parricidio) y diga que no tendrá fin la guerra para el Pueblo romano, si no se expulsa de sus tierras á la plebe (víctima de la guerra civil) y no cae en manos de él todo el imperio y potestad que ántes tenía el Pueblo romano. Si esto os parece paz y concordia, dad vuestra aprobacion al desórden y ruina de la República, asentid á las leyes que se os han impuesto, recibid la paz y la esclavitud, y enseñad á los venideros que el Pueblo romano se hace siervo á costa de su propia sangre. Yo, aunque con la potestad que tengo satisfago bastante á la dignidad de mis ma-

yores y á mi propia seguridad, no pienso
atender á mis intereses privados, y prefiero
la libertad entre peligros á la quieta esclavitud. Si aprobais mi parecer, asistidme, ¡oh
Quirites! y con el favor de los Dioses, siga-
mos á M. Emilio, cónsul, jefe y cabeza en
este empeño de recuperar la libertad.

DISCURSO

DE L. FILIPO CONTRA LÉPIDO.

Quisiera ¡oh Padres conscriptos! ver tranquila la República, ó que se pudiera defender con presteza por todos en los peligros, y que las maquinaciones contra ella fuesen perniciosas para sus propios autores. Ahora, por el contrario, donde quiera hay sediciones, y las promueven quienes más debian impedirlas, y los buenos y sabios tienen que hacer lo que los malos y necios disponen. Aborreciendo vosotros la guerra y las armas, teneis que tomarlas porque á Lépido se le antoja, á no ser que determineis darle la paz y permitirle la guerra. ¡Oh Dioses que velais aún por esta ciudad! M. Emilio, el peor de todos los malvados, hasta el punto de no poder encontrarse otro más infame ni aborrecible, ha reunido un ejército para

acabar con la libertad: ántes era despreciado, ahora es temido; vosotros, murmurando
y vacilando, fiados en los vaticinios y cantos
de los augures, más bien deseais que defen-
deis la paz, sin comprender que la flojedad
en vuestros decretos á él le quita el miedo
y á vosotros la dignidad. Y con razon: puesto
que él ha obtenido con las rapiñas el consulado, con la sedicion la provincia y el ejército, ¿qué hubiera alcanzado con beneficios el
que tanto ha logrado con maldades? ¿Por
ventura los que hasta el fin han decretado
embajadas, paz y concordia, habrán obtenido gracia ante él? De ningun modo: ántes
los ha despreciado y tenido por indignos de
gobernar, y condenado á ser presa suya,
puesto que pedian la paz con el mismo temor
con que la habian perdido. Desde que le vi
sublevar la Etruria, llamar á los proscriptos,
reformar la República con dones y prodigali-
dades, creí que convenia obrar con presteza,
y seguí, con otros pocos, el parecer de Catulo. Pero los demas, ensalzando los beneficios
de la gente Emilia al Pueblo romano y lo
mucho que con su clemencia habian engrandecido el poder de nuestra ciudad, decian que
Lépido no se habia sublevado todavía, cuan-

do ya tenía alzado un ejército por su propia
autoridad para destruir las libertades públicas. Todos ellos, buscando patrocinio y ayuda, extraviaron la opinion pública. Entónces
era Lépido un ladron, á quien sólo seguian
unos pocos bandidos y sicarios que daban su
vida por el sueldo diario: ahora es procónsul y
tiene autoridad, no comprada, sino dada por
vosotros, con legados que por ley tienen que
obedecer sus órdenes. A sus banderas han
acudido todos los hombres perdidos, devorados por el hambre y por los apetitos, ó per-
seguidos por su mala conciencia; aquellos
cuya quietud está en las sediciones, cuya
paz estriba en las turbulencias; hombres que
de un tumulto hacen nacer otro, de una sedicion otra sedicion. A ellos se han reunido los
parciales de Saturnino, los satélites de Mario
y Damasipo, y últimamente los de Lépido.
Además, la Etruria remueve las cenizas de la
guerra pasada: España está desasosegada y
vuelve á las armas: Mitrídates se prepara á
hacer guerra á nuestros tributarios, en cuyos
recursos todavía confiamos. Nada falta para
destruir nuestro Imperio, sino un caudillo
hábil.

Por tanto, os ruego y suplico, ¡oh Padres

conscriptos! que no permitais que el contagio se comunique á los que áun están libres. Cuando se premia á los malos, nadie quiere ser bueno gratuitamente. ¿Esperais que, moviendo otra vez su ejército, devaste Lépido la ciudad á sangre y fuego? Más cerca se halla esto de su actual condicion que lo estaba la paz y concordia, de la guerra civil, que él empezó contra toda ley divina y humana, no para vengar injurias propias ó de otros (como él finje), sino para acabar con la libertad y las leyes. Angustian y afligen su ánimo la ambicion y el temor : falto de consejo, no acierta á decidirse: teme la paz, odia la guerra, ve que le faltarán el lujo y la licencia, y entre tanto, abusa de vuestra debilidad. No sé si llamarlo miedo, cobardía ó demencia: cada uno de vosotros desea que no le toque el rayo que va á caer sobre nosotros; pero nadie se empeña en impedirlo. Mirad cuán trocada está la naturaleza de las cosas. Antes se preparaban los males ocultamente, y en público la defensa; y así vencian fácilmente los buenos á los malos: ahora se destruyen en público la paz y la concordia, y hay que defenderlas ocultamente. Los enemigos están armados, vosotros temerosos.

¿Qué esperais? Quizá os avergonceis ó arrepintais de obrar bien. ¿Os hacen fuerza las órdenes de Lépido, cuando pide que se restituyan á cada uno sus bienes, y él retiene los ajenos; que se anulen los derechos de la guerra, y él sigue levantado en armas; que se conceda el derecho de ciudadanía á los que él niega que le hayan perdido, ó que se restablezca la potestad tribunicia (en favor del pueblo), de la cual han nacido todas nuestras discordias? ¡Oh pésimo é impudentísimo ciudadano! ¿Qué te importan á tí la pobreza ni las lágrimas ajenas, cuando todo lo que en tu casa posees es adquirido por armas ó injuria? Pides un segundo consulado, como si hubieras dado cuenta del primero; buscas la concordia por medio de la guerra; eres traidor á nosotros, infiel á los tuyos, enemigo de todos los buenos. No tienes respeto á los hombres ni á los Dioses, á quienes ultrajaste con tus perfidias y sacrilegios. Puesto que así eres, sigue en tu parecer, no depongas las armas; te exhorto á ello, no sea que promoviendo contínuas sediciones nos tengas siempre en zozobra. No te quieren por ciudadano ni las provincias, ni las leyes, ni los Dioses Penates. Sigue tu camino, y pronto hallarás tu merecido. ¿Y vosotros, Padres conscriptos, hasta cuándo dejareis indefensa la República y usareis las palabras en vez de las armas? Contra vosotros se han hecho levas militares, se han exigido y cobrado impuestos, se han mudado las guarniciones, á la ley ha sustituido el capricho, y entre tanto, no sabeis salir de embajadas y decretos. Cuanto más busqueis la paz, más dura será la guerra, cuando vea él que se le resiste más por miedo que por amor á la justicia. Los que dicen odiar las turbulencias y guerras civiles, para que delante de Lépido armado permanezcais inermes, quieren que tolereis la suerte de los vencidos en lugar de imponerla. A vosotros aconsejan la paz, á él la guerra contra vosotros.

Si esto os agrada, si tal torpeza se ha apoderado de vuestros ánimos, que olvidais los delitos de Cinna, con cuya vuelta á Roma se deshonró para siempre vuestro órden, ¿por qué no os entregais á Lépido con vuestras mujeres é hijos? ¿para qué necesitais decretos? ¿para qué el auxilio de Catulo? En vano él y otros buenos trabajan por la salvacion de la República. Haced lo que querais: buscad el patrocinio de Cetégo y otros traidores

que desean volver á comenzar la rapiña y el
incendio, y armar sus manos contra los Dioses Penates. Si preferís la libertad y la verdad, tomad una resolucion digna de vuestro
nombre, y alentad el valor de estos fuertes
ciudadanos. Teneis un ejército nuevo, colonias de soldados veteranos, toda la nobleza,
excelentes caudillos. La fortuna acompaña
siempre á los mejores. Esas fuerzas que
vuestra debilidad ha permitido reunirse,
pronto se disiparán. Mi opinion es que si Lépido ha levantado un ejército por autoridad
propia, conjurándose con los peores enemigos de la República, y á su frente se encamina contra Roma, á pesar de vuestros decretos y autoridad; Apio Claudio, *interey*,
con el procónsul Quinto Catulo y los demas
magistrados, defiendan la ciudad, y cuiden
de que la República no padezca ningun de-
trimento.

CARTA

DE CNÉO POMPEYO AL SENADO.

Si contra vosotros y la patria y los Dioses
Penates hubiese yo tolerado tantos trabajos
y peligros cuantos he padecido desde la primera juventud para derrotar á vuestros enemigos y procurar vuestra salvacion, no hu-
bierais hecho, oh Padres conscriptos, nada
contra mí en ausencia más de lo que habeis
hecho ahora despues de haberme arrojado, á
pesar de mi edad, á una guerra crudísima,
con un ejército excelente, exponiéndole, en
cuanto ha estado de vuestra parte, al hambre y
á una miserable muerte. ¿Con esta esperanza
mandó el Pueblo romano sus hijos á la guerra? ¿estos son los premios de tantas heridas y
tanta sangre derramada? Cansado de escribir y de enviar legados, gasté todos mis recursos y esperanzas personales, miéntras que

en tres años no me habeis pagado ni siquiera el sueldo de uno. ¡Por los Dioses inmortales! ¿Creeis que puedo hacer las veces del erario ó mantener el ejército sin trigo ni estipendio? Confieso que partí á esta guerra con más aficion que prudencia, puesto que recibiendo de vosotros el título de general, preparé el ejército en cuarenta dias, y arrojé desde los Alpes á España á los enemigos que amenazaban ya la Italia; por los Alpes me he abierto un camino más fácil que el de Aníbal; he reconquistado la Galia, el Pirineo, la Laletania, el país de los Ilergetes; he resistido por primera vez con pocos soldados y bisoños el ímpetu de Sertorio, y he pasado el invierno en campaña entre crudísimos enemigos, no en las ciudades, segun yo deseaba. ¿Para qué he de enumerar las batallas, ni las expediciones de invierno, ni las conquistas, cuando más valen los hechos que las palabras? El campamento de los enemigos sorprendido cerca del Júcar; la batalla á orilla del Duero, y la derrota del jefe de los enemigos, Cayo Herennio, con su ejército y la ciudad de Valencia, os son bastante conocidos. En pago nos disteis, oh Padres conscriptos, pobreza y hambre. La misma condicion tengo yo que

mi ejército: á uno y á otro se niega el estipendio: uno y otro pueden volver vencedores á Italia. Os ruego, pues, y os suplico que
no me obligueis á atender por mi cuenta á la
inminente necesidad. Sertorio y nosotros hemos devastado la España citerior, fuera de
las ciudades marítimas, que nos proveen de
carga y víveres. La Galia en el año anterior
ha alimentado y provisto de trigo á los soldados de Metelo, y ahora padece carestía. Yo he
gastado mi hacienda y mi crédito. Sólo res-
tais vosotros; si no me socorreis, á pesar de
mi voluntad, os lo anuncio, tendré que levan-
tar el ejército y trasladar á Italia la guerra
de España.

Si no entendieseis, oh Quirites, la diferencia que hay entre los derechos heredados de vuestros mayores y la esclavitud que os ha impuesto Lucio Syla, mucho tendria yo que deciros para mostrar por qué injurias y cuántas veces se ha separado la plebe, armada, del Senado, y cómo ha establecido por defensores de sus derechos á los tribunos. Hoy sólo me resta exhortaros y enseñaros el camino de recobrar la libertad. No se me oculta cuán grande es el poder de la nobleza que yo solo, sin fuerzas, con apariencia y sombra de magistratura, intento destruir, y cuánto más puede la faccion de los perversos que el aislamiento de los hombres de bien. Pero además de la buena esperanza que en vosotros tengo y que vence todo temor, creo que es más honroso para un varon fuerte combatir por la libertad que abstenerse del combate. Poco me importa que todos los magistrados elegidos por vosotros hayan convertido en deservicio y afrenta vuestros su fuerza y poder, seducidos, ya por la esperanza, ya por el premio, y hayan querido más delinquir por grangería que obrar mal *gratis*. Todos ellos se han sometido á la dominacion de unos pocos que con pretexto de milicia se han apoderado del erario, de los ejércitos, reinos y provincias, haciéndose ricos con vuestros despojos, miéntras vosotros, como rebaños, os entregais á cada uno para que os tiranice á su talante, despojados de todo lo que vuestros mayores poseyeron; á no ser que por derecho de sufragio, así como ántes los elegisteis magistrados vuestros, los hagais ahora señores. Por eso, todos se han puesto de parte de ellos, y se pondrán de la vuestra, si les resistís: porque muy pocos tienen valor para defender su parecer: casi todos siguen el del más fuerte. ¿Creeis que se os opondrá algun obstáculo cuando vayais unidos y fuertes, cuando ahora, divididos é inertes, se os teme?

¿Acaso Cayo Cotta, elegido cónsul por una

media faccion, habrá restituido algunos derechos á los tribunos de la plebe por otra
causa que por temor? Y aunque L. Licinio,
por haber hablado el primero de la potestad
de los tribunos, haya sido muerto, á pesar
de vuestros rumores, ántes han temido los
patricios vuestra injuria, que la hayais sentido vosotros. De esto no puedo admirarme
bastante, oh Quirites. Habeis visto cuán va-
nas fueron vuestras esperanzas. Muerto Syla,
que os habia impuesto una vergonzosa esclavitud, creisteis que habian acabado vuestros
males; y entónces se levantó Catulo, áun
más cruel que Syla. Hubo un tumulto en
tiempo de los cónsules Bruto y Emilio Ma-
merco: despues dominó Cayo Curio, hasta el
punto de matar á un inocente tribuno de la
plebe. El último año visteis con cuánto furor
acometió Luculo á L. Quintio. ¡Cuántas iras
hay excitadas contra mí ahora! Y serian va-
nas, si ellos acabasen su dominacion ántes
que vosotros vuestra paciencia, especialmente cuando en nuestras guerras civiles no
se ha peleado por otra cosa que por saber
quién os reduciria á esclavitud. Las demas
guerras, excitadas por la licencia, odio ó va-
nagloria, fueron pasando: sólo queda este ob-

jeto supremo, disputado por ambas partes y
que al fin os ha sido arrebatado: la potestad
tribunicia; arma que nuestros mayores os
dejaron para defender la libertad.

Por tanto, os ruego y suplico que procureis
recobrarla, y que no mudeis los nombres á
las cosas, llamando *paz* á la *esclavitud*. No espereis tener paz verdadera y honesta miéntras el crímen impere: la tendriais, si nunca
os hubieseis rebelado. Si no venceis ahora,
harán más estrechas y pesadas vuestras cadenas.

¿Cuál es tu opinion? me dirán algunos. En
primer lugar, no obrar como obrais, con lengua atrevida y ánimo cobarde, sin acordaros
de la libertad más que en el foro: despues
(¿y para qué he de llamaros á esos actos va-
roniles por los cuales nuestros mayores, li-
brándoos de la autoridad de los patricios,
crearon para vosotros la magistratura patricia de los tribunos de la plebe?), ya que toda
la fuerza estriba en vosotros, oh Quirites,
quisiera que obrarais ó dejarais de obrar á
vuestro arbitrio, ya que ahora obedeceis las
órdenes ajenas. ¿Esperais el consejo de Jove
ó de algun otro Dios? Esos decretos de los
cónsules y del Senado vosotros los confirmais,

oh Quirites, acrecentando y dando favor á toda licencia. No os exhorto á vengaros de las injurias, sino á buscar el reposo; no promuevo la discordia, como ellos dicen, sino que quiero que acabe; invoco el derecho de gentes, reclamo lo que han usurpado, y si persisten en retenerlo, no os llamo á las armas ni á la sedicion, quiero tan sólo que no sigais dándoles vuestra sangre. Ellos tengan y aprovechen los mandos militares: busquen triunfos, persigan con las imágenes de sus mayores á Mitridates, Sertorio y las reliquias de los desterrados, pero no nos expongamos nosotros á trabajos y peligros infructuosos. A no ser que esta repentina ley frumentaria haya satisfecho vuestros deseos. Y sin embargo, esa ley paga la libertad de cada cual de vosotros en cinco modios, es decir, en el alimento de un encarcelado. Así como este alimento basta á impedir que muera el preso, aunque sus fuerzas se debiliten, así un socorro tan pequeño no os libra de los cuidados domésticos, y á pesar de todo, los más débiles se dejan engañar por esa tenuísima esperanza. Pero aunque fuese grande el precio de vuestra esclavitud, ¿cuán torpe no sería para vosotros el dejaros engañar y agradecer la restitucion,

como por favor, de alguna parte de lo que
os usurparon? No tienen otro modo de dominar el pueblo, ni lo intentarán. Debeis libraros de este lazo. Buscan, fingen buscar medios de conciliacion, y entre tanto os dicen
que espereis la llegada de Cneo Pompeyo, á
quien temieron cuando tenía la mano levan-
tada sobre sus cervices, y ahora que se ven
libres de temor le injurian y destrozan. Y no
se avergüenzan ellos, que se dicen vengadores
de la libertad, de no atreverse por falta de un
hombre (con ser ellos tantos) á defender su
derecho ó á poner fin á su tiranía. Yo espero
que Pompeyo, jóven de tanta gloria, ha de
preferir ser el principal entre vosotros, y con
vuestra voluntad, á ser el compañero en la
tiranía de ellos, y que ante todo ha de restablecer la potestad tribunicia. Pero ántes, oh
Quirites, cada uno de vosotros tenía su confianza y seguridad en muchos, ahora en uno
sólo, y ningun hombre podia, á su capricho,
dar ó quitar tales derechos. Bastante he dicho, y no pecais de ignorancia, pero se ha
apoderado de vosotros no sé qué torpeza y
desidia, y ni os mueve la gloria ni la afrenta,
y en vuestra cobardía presente lo habeis entregado todo, creyendo que es bastante liber-

tad el que se respeten vuestras espaldas y podais ir libremente de una parte á otra con permiso de vuestros señores. Y esta libertad no alcanza á los campesinos, que son sacrificados por las enemistades de los poderosos y entregados como regalo á los magistrados de las provincias. Así se pelea y se vence en beneficio de unos pocos: al pueblo, suceda lo que quiera, se le trata como á vencido, y cada dia más, si ellos ponen más empeño en retener su dominacion, que vosotros en recobrar la libertad.

CARTA

DE MITRIDATES Á ARSÁCES.

El rey Mitridates al rey Arsáces, salud.

Todos los que en la prosperidad son convidados á la guerra deben considerar si les es posible entónces conservar la paz: si es bastante lícito, seguro, glorioso ó afrentoso para ellos. Si pudieses gozar de paz perpétua, si no tuvieses por enemigos vecinos y detestables á los Romanos, á quienes puedes vencer con gran fama tuya, ni me atreveria á pedir tu alianza, ni á unir mi mala fortuna con la tuya buena. Sólo pueden detenerte dos consideraciones: la ira contra Tigránes por la reciente guerra, y la mala suerte de mis armas. Pero si bien lo consideras, estas mismas razones deben estimularte. Tigránes, sumiso á tí, admitirá tu alianza con las condiciones que quieras imponerle; á mí la fortuna, áun privándome de tantas cosas, me ha dado la experiencia para aconsejar bien, y (cosa que deben tener muy en cuenta los poderosos) yo, poco afortunado, te doy ejemplo para que dirijas bien tus negocios. Para guerrear con todas las naciones, pueblos y reyes tienen los Romanos una causa antigua y profunda: la ambicion inmensa de mando y riquezas. Por eso hicieron la guerra á Filipo, rey de Macedonia; mientras los Cartagineses les ponian á punto de ruina, ellos apartaron de su alianza á Antíoco, concediéndole el Asia, y fingieron amistad por Filipo; despues, sometido Filipo, Antíoco fué despojado de todas las tierras que poseia á este lado del Tauro y de 10.000 talentos.

A Perseo, hijo de Filipo, despues de muchos combates, recibiéndole en su alianza con mil juramentos ante los Dioses de Samotrácia, le mataron á insomnios, creyendo así estos traidores, artífices de perfidias, cumplir la palabra que le habian dado de respetar su vida. A Euménes, de cuya amistad tanto se jactaron, le habian entregado al principio á Antíoco como prenda de paz: á Atalo, guardian de un campo ajeno, le convirtieron, despues de mil afrentas, de rey que habia sido, en el más miserable de los esclavos, y fingiendo un impío testamento, llevaron cautivo en el triunfo como enemigo á su hijo Aristónico, sólo porque habia reclamado la herencia del padre. Fueron apoderándcse de toda el Asia, conquistaron la Bitinia despues de la muerte de Nicomédes, cuando era indudable que vivia un hijo de Nusa, á quien habian dado título de reina. ¿Para qué he de recordar mis propios casos? Aunque separado yo de ellos por reinos y tetrarquías, sólo porque corria la voz de que yo era rico y que nunca sería su esclavo, me hicieron la guerra por medio de Nicomédes, que no ignoraba sus crímenes y habia dicho ya (como despues sucedió) que no habia más gente libre en el mundo que los Cretenses y el rey Ptolomeo. Yo, vengando mis injurias, arrojé de Bitinia á Nicomédes, recobré el Asia, despojo del rey Antíoco, y libré á Grecia de su dura esclavitud. Impidió la ejecucion completa de mis designios Arquelao, el último de los siervos, vendiendo por traicion mi ejército, y los que por cobardía ó astucia infame se abstuvieron de las armas por no exponerse conmigo á peligros y trabajos, ahora padecen el castigo. Ptolomeo, dilatando cada dia la guerra á precio de dinero, los Cretenses atacados una y otra vez; guerra que solo acabará con su total destruccion. Y conociendo yo que las discordias interiores de los Romanos habian dilatado la guerra, pero no nos daban paz verdadera: contra la voluntad de Tigránes, que ahora (bien tarde) confiesa que yo tenia razon, estando tú léjos y sometidos todos los demas á los Romanos, volví á emprender la guerra: derroté junto á Calcedonia á Marco Cotta, general romano; destruí en el mar su mejor armada. Cercando á Cízico con grande ejército, llegó á faltarme el trigo, porque ninguno de los comarcanos me auxiliaba, y la mala estacion impedia traer los víveres por mar. Esta razon, y no la fuerza de los enemigos, me obligó á refugiarme en mi patrio reino, y naufragando cerca de Páros y Heraclea, perdí la armada con mis mejores soldados. Levanté otro ejército en Cabira, y despues de varios combates con Luculo, á uno y otro nos aquejó la falta de recursos. Él tenía el reino de Ariobarzánes, donde áun no habia penetrado la guerra: yo, encontrando devastados todos los países vecinos, me refugié en Armenia, y siguiéndome los Romanos, ó siguiendo más bien su costumbre de des-

truir todos los imperios, se gloríhn de la ím-
prudencia de Tigránes como de una victoria,
sólo porque impidieron pelear en los desfila-
deros á un ejército numeroso. Considera
ahora, te ruego, si despues de vencidos nosotros, te encontrarás más firme para la resistencia ó acabará en tu opinion la guerra. Sé
que tienes muchos hombres, armas y oro, y
por eso te buscamos nosotros para la alianza,
ellos para la presa.

El reino de Tigránes está intacto, mis soldados son muy aguerridos; podemos con pequeño trabajo, áun léjos de la patria, sostener
por nosotros mismos la guerra; pero piensa
que no podemos vencer ni ser vencidos sin
peligro tuyo. ¿No sabes que los Romanos, despues de llevar sus armas hasta el Occidente,
donde solo les ha detenido el Océano, las han
vuelto contra nosotros? ¿Y que nada han poseido desde la fundacion de su ciudad, sino
por rapiña: las casas, las mujeres, los campos, el imperio? ¿Que habiendo sido en otro
tiempo bandidos sin patria ni padres, peste del
orbe entero, no respetan leyes divinas ni humanas, ni amistad, ni alianza, ni poderosos,
ni débiles, sino que lo destruyen todo y tienen
por enemigo á todo el que no se les humilla,

principalmente á los reyes? Pocos pueblos quieren la libertad: muchos desean señores legítimos: por eso somos émulos sospechosos, y á su tiempo seremos vengadores. Tú que posees á Seleucia, la mayor de las ciudades, y el riquísimo imperio de los Persas, ¿qué aguardas de ellos, sino engaños ahora y guerra á la postre? Los Romanos mueven sus armas contra todos, y principalmente contra aquellos de quienes, vencidos, pueden alcanzarse grandes despojos: se engrandecen á fuerza de audacia y engaños, y de eslabonar guerras con guerras. Así llegarán á vencerlo todo ó á perecer, lo cual no es difícil, si tú por la Mesopotámia y yo por la Arménia cercamos su ejército falto de trigo y de recursos, aunque incólume todavía por su fortuna ó por culpa nuestra. Tendrás la gloria de haber ayudado á grandes reyes y vencido á los ladrones del mundo. Te ruego y suplico que lo hagas, á no ser que prefieras tu pérdida y la nuestra á la victoria que conseguirás con nuestra alianza.

DISCURSO

DEL CÓNSUL C. COTTA AL PUEBLO

Oh Quirites, á muchos peligros me he expuesto en la paz, á muchos en la guerra: unos toleré, otros vencí con ayuda de los Dioses y con mi valor; en ninguno de ellos me faltó el ánimo para el consejo ni para la ejecucion. Ni la prosperidad ni la desdicha lograron conmoverme. Pero en esta mala fortuna todo se ha declarado contra mí: además, la vejez, molesta por sí, aumenta mis cuidados : en tan avanzada edad, ni áun me queda la esperanza de una honrosa muerte. Si soy parricida vuestro; si despues de haber nacido en esta ciudad dos veces, tengo en poco mis Penates, los Dioses pátrios, el sumo imperio, ¿qué tormento habrá bastante para mí en vida, ó qué pena en muerte? Mi maldad excederá á todos los suplicios que podemos imaginar en las regiones infernales. Desde mi primera adolescencia, viví ánte vosotros como particular y magistrado: se aprovechó el que quiso de mi palabra, consejo y dinero: nunca ejercité la elocuencia ni el ingenio para mal; y aunque estimaba en mucho el favor particular, me expuse á grandes enemistades por la causa de la República, y fuí vencido juntamente con ella: cuando, necesitado del favor ajeno, sólo esperaba desdichas, vosotros, Quirites, me restituisteis mi patria, los Penates y una dignidad altísima. Pequeña recompensa me parece para tantos beneficios el dar la vida por cualquiera de vosotros. La vida y la muerte son derechos naturales; pero el vivir sin deshonra entre los ciudadanos, el conservar íntegras la fama y la fortuna, no se da ni se recibe sino por don. Nos habeis hecho cónsules, oh Romanos, en tiempos de grandes peligros exteriores é interiores para la República. Los generales de España piden estipendio, soldados, armas, víveres, y la necesidad obliga á esto, porque con la desercion de los aliados y la fuga de Sertorio por los montes, ni pueden combatir, ni arbitrar los recursos necesarios. El ejército de Asia y Cilicia se mantiene, gracias á las riquezas de

Mitridates: Macedonia está llena de enemigos, y no ménos el mar de Italia y las provincias: los tributos son pequeños é inciertos por la guerra y no bastan á sostenerla: por eso la armada que los conduce es mucho menor que ántes. Si esto sucede por engaño ó desidia nuestros, obrad como vuestra ira os lo dicte, castigadnos; pero si el daño viene de la comun fortuna, ¿por qué os arrojais á una sedicion indigna de vosotros, de nosotros y de la República? Yo no rehuso la muerte, á la cual tan cercano estoy por la edad: tomad mi vida, si la quereis; no puedo acabarla más honradamente que sacrificándola por vosotros. Aquí estoy yo, el cónsul Lucio Cotta: hago lo que hicieron muchas veces nuestros antepasados en durisímas guerras: me sacrifico y entrego por la República. Mirad luégo á quién vais á dar el mando: porque ningun bueno querrá tal honor, si ha de responder de la fortuna del mar y de la tierra, y de una guerra emprendida por otros, ó morir torpemente. Pero no olvideis nunca que me dais muerte no por maldad ó avaricia mia, sino queriendo yo retribuiros tan grandes beneficios como me habeis hecho. Os ruego por vosotros y por vuestros mayores, oh Quirites, que tolereis las adversidades y atendais al bien de la República. Muchos cuidados, muchas fatigas van unidos al poder supremo: en vano pretendereis libraros de ellos y alcanzar la opulencia de la paz, cuando todos los reinos, tierras ó mares están devastados ó cansados de la guerra.

NOTA.

El discurso de Lépido formaba parte del libro I de la *Grande Historia*. Fué pronunciado el año de Roma 678, en vida de Syla. Lépido intentó restaurar el partido de Mario.

El discurso de Filipo es tambien del libro I. Fué pronunciado en 676, ó más bien, á principios del 677. Catulo atacó y venció á Lépido.

La carta de Pompeyo es del libro III. Fué escrita en 679, consulado de Cotta y Octavio, pidiendo recursos desde España y amenazando volver á Roma.

El discurso de Licinio es del libro III (Año 684), siendo Licinio tribuno de la plebe.

El discurso de Cotta al Pueblo amotinado es del 679.